Caro aluno, seja bem-vindo!

A partir de agora, você tem a oportunidade de estudar com uma coleção didática da SM que integra um conjunto de recursos educacionais impressos e digitais desenhados especialmente para auxiliar os seus estudos.

Para acessar os recursos digitais integrantes deste projeto, cadastre-se no *site* da SM e ative sua conta.

Veja como ativar sua conta SM:

1. Acesse o *site* <www.edicoessm.com.br>.
2. Se você não possui um cadastro, basta clicar em "Login/Cadastre-se" e, depois, clicar em "Quero me cadastrar" e seguir as instruções.
3. Se você já possui um cadastro, digite seu *e-mail* e sua senha para acessar.
4. Após acessar o *site* da SM, entre na área "Ativar recursos digitais" e insira o código indicado abaixo:

AJHIS-A4MRE-X7E6K-9AH63

Você terá acesso aos recursos digitais por 12 meses, a partir da data de ativação desse código.

Ressaltamos que o código de ativação somente poderá ser utilizado uma vez, conforme descrito no "Termo de Responsabilidade do Usuário dos Recursos Digitais SM", localizado na área de ativação do código no *site* da SM.

Em caso de dúvida, entre em contato com nosso **Atendimento**, pelo telefone **0800 72 54876** ou pelo *e-mail* atendimento@grupo-sm.com ou pela internet <www.edicoessm.com.br>.

Desejamos muito sucesso nos seus estudos!

Requisitos mínimos recomendados para uso dos conteúdos digitais SM

Computador

PC Windows
- Windows XP ou superior
- Processador dual-core
- 1 GB de memória RAM

PC Linux
- Ubuntu 9.x, Fedora Core 12 ou OpenSUSE 11.x
- 1 GB de memória RAM

Macintosh
- MAC OS 10.x
- Processador dual-core
- 1 GB de memória RAM

Tablet

Tablet IPAD IOS
- IOS versão 7.x ou mais recente
- Armazenamento mínimo: 8GB
- Tela com tamanho de 10"

Outros fabricantes
- Sistema operacional Android versão 3.0 (Honeycomb) ou mais recente
- Armazenamento mínimo: 8GB
- 512 MB de memória RAM
- Processador dual-core

Navegador

Internet Explorer 10
Google Chrome 20 ou mais recente
Mozilla Firefox 20 ou mais recente

Recomendado o uso do Google Chrome

Você precisará ter o programa Adobe Acrobat instalado, *kit* multimídia e conexão à internet com, no mínimo, 1Mb

Aprender juntos

HISTÓRIA 4

ENSINO FUNDAMENTAL
4º ANO

RAQUEL DOS SANTOS FUNARI
- Licenciada em História pela Faculdade de Filosofia, Ciências e Letras de Belo Horizonte.
- Mestra e doutora em História pela Universidade Estadual de Campinas (Unicamp).
- Pesquisadora colaboradora do Departamento de História do Instituto de Filosofia e Ciências Humanas da Unicamp.
- Professora de História e supervisora de área no Ensino Fundamental e Médio.

MÔNICA LUNGOV
- Bacharela e licenciada em História pela Universidade de São Paulo (USP).
- Consultora pedagógica e professora de História no Ensino Fundamental e Médio.

ORGANIZADORA: EDIÇÕES SM
Obra coletiva concebida, desenvolvida e produzida por Edições SM.

São Paulo,
5ª edição
2016

Aprender Juntos – **História 4**
© Edições SM Ltda.
Todos os direitos reservados

Direção editorial	Juliane Matsubara Barroso
Gerência editorial	José Luiz Carvalho da Cruz
Gerência de *design* e produção	Marisa Iniesta Martin
Coordenação pedagógica	Regina de Mello Mattos Averoldi
Edição executiva	Robson Rocha
	Edição: Isis Ridão Teixeira, Vanessa do Amaral
	Apoio editorial: Flávia Trindade, Camila Guimarães
Coordenação de controle editorial	Flavia Casellato
Suporte editorial	Alzira Bertholim, Camila Cunha, Giselle Marangon, Mônica Rocha, Talita Vieira, Silvana Siqueira, Fernanda D'Angelo
Coordenação de revisão	Cláudia Rodrigues do Espírito Santo
	Preparação e revisão: Ana Catarina Nogueira, Eliana Vila Nova de Souza, Fátima Valentina Cezare Pasculli, Lu Peixoto, Mariana Masotti, Sâmia Rios, Valéria Cristina Borsanelli Marco Aurélio Feltran (apoio de equipe)
Coordenação de *design*	Rafael Vianna Leal
	Apoio: Didier Dias de Moraes
	***Design*:** Leika Yatsunami, Tiago Stéfano
Coordenação de arte	Ulisses Pires
	Edição executiva de arte: Melissa Steiner
	Edição de arte: Wilians dos Santos Joaquim
Coordenação de iconografia	Josiane Laurentino
	Pesquisa iconográfica: Bianca Fanelli, Susan Eiko
	Tratamento de imagem: Marcelo Casaro
Capa	Estúdio Insólito e Rafael Vianna Leal sobre ilustração de Carlo Giovani
Projeto gráfico	Estúdio Insólito
Papertoys	Ilustração e planificação: O Silva
	Apoio para orientações pedagógicas: Ana Paula Barranco e Maria Viana
Editoração eletrônica	Essencial Design
Ilustrações	Duo Dinâmico, Ilustra Cartoon, Pingado, Robson Araújo
Fabricação	Alexander Maeda
Impressão	EGB-Editora Gráfica Bernardi Ltda

Dados Internacionais de Catalogação na Publicação (CIP)
(Câmara Brasileira do Livro, SP, Brasil)

Funari, Raquel dos Santos
　　Aprender juntos história, 4º ano : ensino fundamental / Raquel dos Santos Funari, Mônica Lungov ; organizadora Edições SM ; obra coletiva concebida, desenvolvida e produzida por Edições SM ; editor responsável Robson Rocha. – 5. ed. – São Paulo : Edições SM, 2016. – (Aprender juntos)

　　Suplementado pelo Guia Didático.
　　Vários ilustradores.
　　Bibliografia.
　　ISBN 978-85-418-1464-5 (aluno)
　　ISBN 978-85-418-1466-9 (professor)

　　1. História (Ensino fundamental) I. Lungov, Mônica.
II. Rocha, Robson. III. Título. IV. Série.

16-03906　　　　　　　　　　　　　　　　　　CDD-372.89

Índices para catálogo sistemático:
1. História : Ensino fundamental 372.89

5ª edição, 2016
2ª impressão, 2017

Edições SM Ltda.
Rua Tenente Lycurgo Lopes da Cruz, 55
Água Branca　05036-120　São Paulo　SP　Brasil
Tel. 11 2111-7400
edicoessm@grupo-sm.com
www.edicoessm.com.br

Apresentação

Caro aluno,

Este livro foi cuidadosamente pensado para ajudá-lo a construir uma aprendizagem sólida e cheia de significados que lhe sejam úteis não somente hoje, mas também no futuro. Nele, você vai encontrar estímulos para criar, expressar ideias e pensamentos, refletir sobre o que aprende, trocar experiências e conhecimentos.

Os temas, os textos, as imagens e as atividades propostos neste livro oferecem oportunidades para que você se desenvolva como estudante e como cidadão, cultivando valores universais como responsabilidade, respeito, solidariedade, liberdade e justiça.

Acreditamos que é por meio de atitudes positivas e construtivas que se conquistam autonomia e capacidade para tomar decisões acertadas, resolver problemas e superar conflitos.

Esperamos que este material didático contribua para o seu desenvolvimento e para a sua formação.

Bons estudos!

Equipe editorial

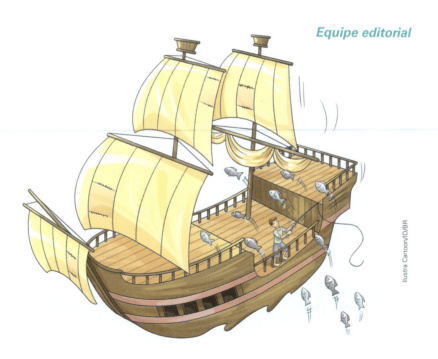

Conheça seu livro

Conhecer seu livro didático vai ajudar você a aproveitar melhor as oportunidades de aprendizagem que ele oferece.

Este volume contém quatro unidades, cada uma delas com três capítulos. Veja como cada unidade está organizada.

Abertura da unidade

Grandes imagens iniciam as unidades. Aproveite para fazer os primeiros contatos com o tema a ser estudado.

Início do capítulo

Essa página marca o início de um novo capítulo. Textos, tabelas, imagens variadas e atividades vão fazer você pensar e conversar sobre o tema.

Desenvolvimento do assunto

Os textos, as imagens e as atividades dessas páginas permitirão que você compreenda o conteúdo que está sendo apresentado.

Glossário

Ao longo do livro você encontrará uma breve explicação de algumas palavras e expressões.

Saiba mais

Conheça outras informações que se relacionam com os assuntos estudados.

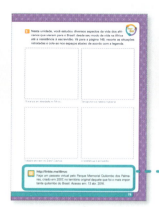

Sugestão de *site*

Você vai encontrar sugestões de *sites* relacionados aos temas estudados.

Fontes históricas

A seção **Registros** apresenta diferentes tipos de fontes históricas. São materiais que os historiadores exploram para estudar o passado.

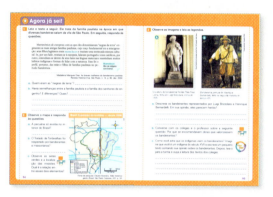

Finalizando o capítulo

As atividades da seção **Agora já sei!** são uma oportunidade para rever os conteúdos do capítulo.

Finalizando a unidade

As atividades práticas propostas na seção **Vamos fazer!** vão ajudar você a entender melhor os assuntos.

A seção **O que aprendi?** é o momento de verificar o que aprendeu. Dessa forma, você e o professor poderão avaliar como está sua aprendizagem.

Ícones usados no livro

 Atividade em dupla

 Atividade oral

 Saber ser
Sinaliza momentos propícios para o professor refletir com a turma sobre questões relacionadas a valores.

 Atividade em grupo

 Roda de conversa

 OED
Indica que há um Objeto Educacional Digital a ser explorado no livro digital.

Sumário

UNIDADE 1 — A chegada a um novo mundo

CAPÍTULO 1 — Buscando novos caminhos › 10

As grandes viagens marítimas › 11
A arte da navegação › 12
Vivendo em alto-mar › 13
A tripulação dos navios › 14
As mulheres nas Grandes Navegações › 15

Agora já sei! › 16

CAPÍTULO 2 — A chegada à América › 18

A travessia do Atlântico › 19
O encontro entre portugueses e indígenas › 20
Os indígenas, segundo os portugueses › 21
Os portugueses, segundo os indígenas › 22

Registros: Mapas › 23

Pau-brasil: a primeira riqueza › 24
Escambo › 25

Agora já sei! › 26

CAPÍTULO 3 — O início da colonização › 28

O cultivo da cana e a produção do açúcar › 29
O trabalho no cultivo › 30
O trabalho na produção do açúcar › 31
O engenho › 32
Conhecendo melhor um engenho › 33

Agora já sei! › 34

VAMOS FAZER!
Bússola › 36

O QUE APRENDI? › 38

UNIDADE 2 — O trabalho escravo na colônia

CAPÍTULO 1 — A escravidão › 42

Quem eram as pessoas escravizadas? › 43
O tráfico negreiro › 44
Registros: Navio negreiro › 44
A viagem da África para o Brasil › 45
Mercado de escravos › 46
Em uma terra estranha › 47

Agora já sei! › 48

CAPÍTULO 2 — Escravidão na colônia › 50

A escravidão nos engenhos › 51
O dia a dia › 52
Vivendo na senzala › 53
A escravidão nas minas › 54
O tráfico para as minas › 55
O trabalho nas minas › 56
Condições de vida dos africanos escravizados na mineração › 57
Nas cidades › 58
Escravos de ganho › 59

Agora já sei! › 60

CAPÍTULO 3 — Resistindo à escravidão › 62

Formas de resistência › 63
A Revolta dos Malês › 64
Registros: Carta sobre Luiza Mahin › 65
Quilombo de Palmares › 66
A vida em Palmares › 66
A destruição de Palmares › 67

Agora já sei! › 68

VAMOS FAZER!
Jogo de tabuleiro › 70

O QUE APRENDI? › 72

UNIDADE 3 — O trabalho livre na colônia

CAPÍTULO 1
Homens e mulheres livres do engenho › 76

Trabalhadores livres nos engenhos › 77
O que faziam › 78
Mascates › 79
Família patriarcal › 80
A esposa e os filhos › 80
A vida doméstica › 81

Registros: Desenhos, gravuras e pinturas › 83

Agora já sei! › 84

CAPÍTULO 2
Outros trabalhadores livres no campo › 86

O trabalho nas fazendas de gado › 87
Os caminhos do gado na colônia › 88
Os missionários e os bandeirantes › 89
Os jesuítas e as missões › 90
As drogas do sertão › 91
Os bandeirantes › 92

Registros: Casas › 92

Agora já sei! › 94

CAPÍTULO 3
Trabalhador livre urbano › 96

Crescimento da população urbana › 97
Ofícios urbanos › 98
Problemas nas cidades mineradoras › 99
A fome › 99
O controle do governo português › 100
Conflitos › 101

Agora já sei! › 102

VAMOS FAZER!
Quadro sinóptico — Revoltas coloniais › 104

O QUE APRENDI? › 106

UNIDADE 4 — O fim da escravidão

CAPÍTULO 1
Um novo cultivo: o café › 110

A cafeicultura › 111
A expansão das lavouras de café › 112
O trabalho nas fazendas de café › 114
A economia cafeeira › 115
Mudanças no cenário › 116
As estradas de ferro › 117

Agora já sei! › 118

CAPÍTULO 2
Da escravidão ao trabalho assalariado › 120

O processo da abolição da escravidão › 121
Leis › 122

Registros: Lei Áurea › 123

Chegam os imigrantes › 124
O trabalho dos imigrantes › 125

Registros: Acervo de museu › 126

Os imigrantes nas cidades › 127
Os imigrantes no Sul do Brasil › 127

Agora já sei! › 128

CAPÍTULO 3
Vida urbana e indústria › 130

Industrialização e urbanização › 131
As primeiras indústrias › 132
O crescimento das cidades › 133
Operários: o trabalho nas fábricas › 134
Uma vida nada fácil › 135
Movimentos operários: lutando por direitos › 135

Agora já sei! › 136

VAMOS FAZER!
Painéis para exposição › 138

O QUE APRENDI? › 140

SUGESTÕES DE LEITURA › 142

BIBLIOGRAFIA › 144

UNIDADE 1

A chegada a um novo mundo

Até o século XV, os europeus não conheciam todos os continentes e oceanos. A busca por novas rotas para chegar a Calicute, importante ponto comercial na Ásia, estimulou o investimento nas viagens marítimas.

- O que a imagem ao lado retrata?

- De acordo com a imagem, de quais lugares os europeus partiam? Em quais lugares da África eles paravam e a que ponto da Ásia chegavam?

- Monte o *toy* que está no início do livro. Ele retrata o meio de transporte que os europeus utilizavam nas viagens marítimas.

- Que rotas marítimas você acha que os europeus utilizaram para chegar às cidades africanas? E a Calicute? E à América? Imagine que você é um navegador europeu e utilize o *toy* para traçar suas rotas na imagem. Depois, mostre a um colega as rotas que você criou e veja as rotas que ele imaginou.

8

CAPÍTULO 1 — **Buscando novos caminhos**

Nos séculos XV e XVI, os europeus fizeram diversas viagens marítimas, chegando a lugares que antes desconheciam. Por isso, esse período é conhecido como o das **Grandes Navegações**.

Os portugueses foram pioneiros nas viagens pelo oceano Atlântico. Navegando por águas desconhecidas, eles corriam muitos riscos.

Muito tempo depois, o poeta Fernando Pessoa (1888-1935) escreveu um poema sobre essas viagens. Leia alguns versos.

Ó mar salgado, quanto do teu sal
São lágrimas de Portugal!
Por te cruzarmos, quantas mães choraram,
Quantos filhos em vão rezaram!
Quantas noivas ficaram por casar
Para que fosses nosso, ó mar!

Valeu a pena? Tudo vale a pena
Se a alma não é pequena.
[...]

Fernando Pessoa. *Obra poética*. Rio de Janeiro: Nova Aguilar, 1981. p. 16.

1 Converse com os colegas sobre as questões a seguir.

   a. Por que mães, filhos e noivas ficavam tristes e preocupados?

   b. Naquela época, quais eram os motivos das "lágrimas de Portugal"?

   c. Em sua opinião, por que os marinheiros enfrentavam o mar desconhecido?

   d. Pense na chegada dos portugueses ao Novo Mundo. Que resposta você acha que dariam à pergunta "Valeu a pena?"?

As grandes viagens marítimas

Na época das Grandes Navegações, os oceanos eram pouco conhecidos, e várias lendas assustavam os marinheiros. Uma delas dizia que as águas do oceano eram povoadas por monstros. Outra, que esse oceano terminava em um abismo.

Se tinham tantos temores, por que os europeus se aventuraram em águas desconhecidas? O que buscavam?

Produtos como a porcelana, os tecidos de seda e as **especiarias** eram raros e caros na Europa. Eles eram encontrados na Índia e levados por comerciantes árabes até Constantinopla. Lá, eles eram comprados por comerciantes europeus e revendidos por toda a Europa a preços muito altos.

Especiaria: erva ou parte de planta, como canela, cravo, pimenta, gengibre e noz-moscada, que era usada no preparo e na conservação dos alimentos e também como medicamento. A noz-moscada, por exemplo, era usada contra dores no estômago e cólicas.

Interessados em participar desse lucrativo comércio, os portugueses começaram a buscar um novo caminho para a Índia. Se encontrassem, poderiam comprar diretamente dos indianos, evitando inúmeros revendedores intermediários.

Além do interesse comercial, os marinheiros portugueses eram incentivados a viajar por outros fatores, como a curiosidade, a paixão pelo mar e a vontade de conhecer outros lugares.

Rota portuguesa das especiarias — séculos XV e XVI

Fonte de pesquisa: José Jobson de A. Arruda. *Atlas histórico básico*. São Paulo: Ática, 2011. p. 19.

1 Observe a rota dos portugueses indicada no mapa acima. Ela começava em Portugal, passava pelo cabo da Boa Esperança e chegava à Índia.

a. Por quais oceanos essa rota passava?

b. Qual era o continente e a cidade de origem dessa rota? E de destino?

▪ A arte da navegação

Nesse período, as rotas de navegação eram feitas pelo mar Mediterrâneo, no litoral da Europa, da África e da Ásia. O oceano, que estava mais distante da costa, era evitado. A navegação em alto-mar exigia embarcações diferentes das que eram usadas no Mediterrâneo e instrumentos de orientação complexos.

Na época das Grandes Navegações, os portugueses eram os navegadores que mais tinham conhecimentos náuticos. Para as grandes viagens, eles desenvolveram técnicas, aperfeiçoaram alguns instrumentos e inventaram outros.

Caravela. Embarcação com casco estreito e fundo e velas triangulares. Resistente e veloz, a caravela era ideal para a navegação oceânica da época. Aquarela de Rafael Monleon (1843-1900), que retrata caravelas do século XVI.

Bússola. Instrumento de orientação. Tem uma agulha magnética que aponta sempre para o norte. De origem chinesa, foi aperfeiçoada na época. Foto de bússola do século XV.

Astrolábio. Instrumento de medição da altura de astros. Com ele era possível localizar barcos em alto-mar. Foto de astrolábio do século XIV.

Quadrante. Instrumento que também media a altura dos astros, ajudando na localização em alto-mar. Foto de quadrante do século XVI.

2 De que maneira os instrumentos de orientação contribuíram para o sucesso dos portugueses na época das Grandes Navegações?

_____
_____

Vivendo em alto-mar

Na época das Grandes Navegações, não se sabia ao certo quanto tempo levaria para chegar a terra firme. Muitas vezes, os tripulantes passavam longos períodos em alto-mar. Como era essa viagem?

Leia o texto.

Gravura anônima do século XVI representando uma nau portuguesa.

Depois que a caravela deixava o porto, a única paisagem que se podia avistar eram mar e céu. Mas eram poucos os que estavam preparados para essas longas viagens. A maioria não sabia nem mesmo nadar. Às vezes, o navio afundava a uma pequena distância da costa e muitos morriam afogados. No mar, todos tinham de enfrentar os mesmos riscos.

Alfredo Boulos Júnior. *A viagem de Cabral*. São Paulo: FTD, 1999. p. 13.

1 Você já fez alguma viagem que durou muitos dias? Se fez, anote as informações a seguir e depois conte aos colegas.

   a. Meio de transporte utilizado: _____.

   b. Duração da viagem (em dias): _____.

   c. O destino: _____.

   d. Como foi a viagem (onde comia, tomava banho, entre outros): _____.

2 Se não fez nenhuma viagem longa, use sua imaginação e crie uma. Identifique o lugar para onde foi, o percurso e o meio de transporte. Conte, por exemplo, onde dormia e como fazia para comer e tomar banho.

■ A tripulação dos navios

Cada navio tinha seu capitão ou comandante, mas era o piloto que conduzia a embarcação. Os **timoneiros** trabalhavam no **leme**, sob as ordens do piloto.

O **mestre** era responsável por distribuir as tarefas e verificar o cumprimento delas. Os **marinheiros** faziam a maior parte do trabalho na embarcação. **Carpinteiros** e **ferreiros** faziam reparos no navio. O **despenseiro** cuidava dos alimentos, feitos pelos **cozinheiros**, e distribuía a cota diária a cada um. O **médico barbeiro** tratava dos doentes, fazia a barba e cortava o cabelo de todos. Os **grumetes** eram garotos aprendizes de marinheiro que realizavam tarefas pesadas e perigosas e estavam sujeitos a castigos físicos.

A bordo também sempre havia: um padre; um escrivão, que registrava os acontecimentos importantes da viagem; bombardeiros, que eram responsáveis pelos canhões; e soldados.

Soldado.

Timoneiro: pessoa que controla a roda do leme de uma embarcação.
Leme: peça que controla a direção de uma embarcação.

Escrivão.

Marinheiro.

3 O texto a seguir fala sobre a alimentação nos navios. Leia-o e imagine como era o cotidiano das grandes embarcações. Faça um desenho sobre isso no caderno e depois mostre-o à turma.

> Devido ao aperto nos navios, o abastecimento e a alimentação constituíram um problema permanente. [...]
> Para garantir a presença de alimento fresco, iam a bordo alguns animais vivos, principalmente galinhas, e, por vezes, bois, porcos, carneiros e cabras, brindando os embarcados com muito esterco e urina, que contribuíam para agravar o quadro de doenças entre os humanos.
> Em viagens longas, passado um mês, o que sobrava para comer era uma espécie de biscoito duro e seco, então já todo roído por ratos e baratas. Nestas condições, a ração era distribuída três vezes ao dia, praticamente nunca excedendo uma porção de biscoitos, meia medida de vinho e uma de água. Diante da iminência da fome, muitos traziam seu próprio estoque de comida, outros optavam por tentar pescar nos períodos de calmaria ou caçar os muitos ratos presentes a bordo.

Fábio Pestana Ramos. A dura vida dos navegantes. *Revista de História da Biblioteca Nacional*, 1º set. 2012. Disponível em: <http://linkte.me/j8tz9>. Acesso em: 12 abr. 2016.

As mulheres nas Grandes Navegações

Pouco se fala da participação das mulheres nas Grandes Navegações. Afinal, eram os homens que partiam nas caravelas para atravessar o oceano. E as mulheres, o que faziam?

As mulheres, em geral, eram proibidas de integrar as tripulações. Por isso, enquanto os homens estavam no mar, muitas delas ficaram em Portugal, sendo responsáveis pelo cultivo dos campos, a criação dos animais e os cuidados com as crianças e os idosos. A vida continuava normalmente em Portugal.

As mulheres também participaram ativamente das Grandes Navegações. Eram elas que fabricavam as velas dos navios e preparavam muitos dos alimentos para as viagens. Faziam marmelada e biscoitos, preparavam carne salgada.

Houve ainda mulheres que viajaram com os homens. Algumas acompanhavam o marido ou o pai, outras trabalhavam nos barcos, como padeiras e enfermeiras.

E foram muitas as que saíram de Portugal para viver nas terras que os portugueses ocuparam. Um exemplo é dona Brites de Albuquerque, que em 1534 chegou a Pernambuco com o marido, Duarte Coelho. Ele voltou a Portugal, mas dona Brites ficou, tornando-se a maior autoridade de Pernambuco.

4 Dona Brites de Albuquerque é considerada a "mãe dos pernambucanos". Com a orientação do professor, faça uma pesquisa em materiais impressos ou digitais para responder à questão: Por que Dona Brites de Albuquerque foi assim considerada? Anote a resposta no caderno.

Agora já sei!

1 No texto a seguir, a autora imagina Pedro Álvares Cabral quando criança. Leia-o e responda às questões abaixo.

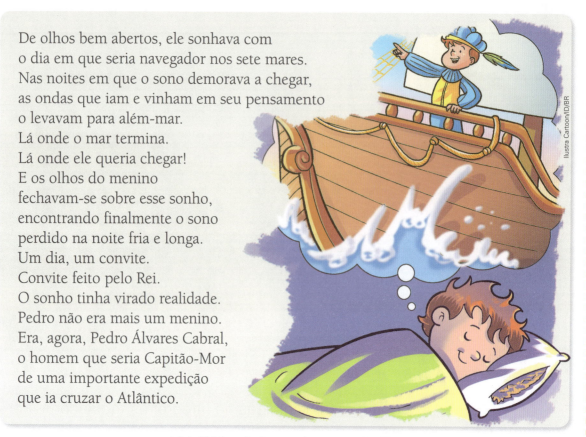

De olhos bem abertos, ele sonhava com
o dia em que seria navegador nos sete mares.
Nas noites em que o sono demorava a chegar,
as ondas que iam e vinham em seu pensamento
o levavam para além-mar.
Lá onde o mar termina.
Lá onde ele queria chegar!
E os olhos do menino
fechavam-se sobre esse sonho,
encontrando finalmente o sono
perdido na noite fria e longa.
Um dia, um convite.
Convite feito pelo Rei.
O sonho tinha virado realidade.
Pedro não era mais um menino.
Era, agora, Pedro Álvares Cabral,
o homem que seria Capitão-Mor
de uma importante expedição
que ia cruzar o Atlântico.

Lúcia Fidalgo. *Pedro, menino navegador*. Rio de Janeiro: Manati, 2000. p. 5-6.

a. O texto se refere a qual expedição?

_____
_____

b. Cabral era o capitão-mor da expedição. Quais eram as outras pessoas que faziam parte das tripulações?

_____
_____
_____

c. Segundo o texto, as ondas levavam o menino Pedro para "onde o mar termina". Essa imagem se refere a quê?

_____
_____

2 Observe a gravura e responda às questões.

Gravura de Theodore de Bry, século XVI.

a. Que elementos da gravura mais chamaram sua atenção?

_____

_____

b. Os peixes da gravura parecem reais?

_____

c. Por que a gravura contém esses tipos de animais?

_____

_____

3 Com base no texto a seguir, discuta com a turma: Atualmente, há crianças em situação semelhante à dos grumetes? Crianças e adolescentes podem trabalhar?

> Entre os séculos XVI e XVIII, apesar de os grumetes não passarem, quando muito, de adolescentes, realizavam a bordo todas as tarefas que normalmente seriam desempenhadas por um homem. Recebiam de soldo, contudo, menos da metade do que um marujo [...]. Sofriam, ainda, inúmeros "maus-tratos". [...]
> De todos os embarcados, os grumetes eram os que tinham as piores condições de vida.

Fábio Pestana Ramos. A história trágico-marítima das crianças nas embarcações portuguesas do século XVI. Em: Mary Del Priore (Org.). *História das crianças no Brasil*. São Paulo: Contexto, 2010. p. 23 e 25.

CAPÍTULO 2 — A chegada à América

Os versos a seguir são de uma canção bastante conhecida. Eles foram adaptados de uma cantiga de marujada.

A marujada ou chegança de marujos é um conjunto de danças e músicas que contam as aventuras dos portugueses nas Grandes Navegações. Elas fazem parte de uma festa popular comemorada em alguns estados do Brasil, como Bahia, Minas Gerais e Goiás. Leia os versos.

Quem me ensinou a nadar, quem me ensinou a nadar
Foi, foi, marinheiro, foi os peixinhos do mar
Foi, foi, marinheiro, foi os peixinhos do mar

Ê nós que viemos
de outras terras, de outro mar
Ê nós que viemos
de outras terras, de outro mar
[...]

Domínio público.

1 Nos versos "Ê nós que viemos/de outras terras, de outro mar":

  a. Quem veio de outras terras? _____

  b. De qual terra vieram? _____

2 Sobre a expressão "outro mar", observe novamente a imagem das páginas 8 e 9.

  a. Para chegar à terra que hoje faz parte do Brasil, os portugueses tiveram de cruzar "outro mar"?

  b. Nas rotas que você imaginou nessa imagem, qual "outro mar" os portugueses atravessariam para chegar à Ásia?

A travessia do Atlântico

Ao longo dos séculos XV e XVI, portugueses e espanhóis fizeram viagens bem-sucedidas pelo oceano Atlântico. Em 1492, os espanhóis chegaram a um continente que não conheciam e que seria chamado de América. Os portugueses, por sua vez, encontraram o caminho marítimo para a Índia em 1498. Dois anos depois, chegaram às terras que mais tarde chamariam de Brasil.

A expedição que partiu de Lisboa com destino à Índia, em 1500, foi comandada por Pedro Álvares Cabral. A missão dele era retornar a Portugal com os navios cheios de especiarias, sedas e outros artigos de luxo. Era uma grande expedição: 13 embarcações, com um total de 1 500 tripulantes.

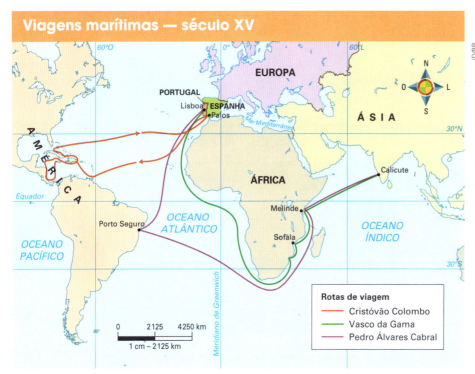

Fonte de pesquisa: José Jobson de A. Arruda. *Atlas histórico básico*. São Paulo: Ática, 2011. p. 19.

Em vez de contornar a costa africana, Cristóvão Colombo, navegador a serviço dos reis da Espanha, seguiu para o oeste. Considerando a Terra uma esfera, ele dizia que chegaria à Índia navegando em linha reta.

1 Observe o mapa e pinte o quadrinho com a cor que representa a rota de viagem de:

☐ Cristóvão Colombo. ☐ Pedro Álvares Cabral.

☐ Vasco da Gama.

2 Portugueses e espanhóis enfrentaram os mares em busca de especiarias e artigos de luxo, como o marfim e a seda. Você saberia dizer o nome de três especiarias? Por que para os portugueses e espanhóis esses produtos eram tão importantes? Converse com os colegas e o professor.

O encontro entre portugueses e indígenas

Depois de 44 dias navegando pelo oceano Atlântico, a expedição de Cabral avistou terra. Foi no dia 22 de abril de 1500, na região onde hoje se encontra a cidade de Porto Seguro, no sul do estado da Bahia.

Os portugueses encontraram nesse local uma paisagem exuberante, com muita vegetação e abundância de água. Encontraram também pessoas muito diferentes deles: os povos indígenas. E então fizeram o primeiro contato com eles. Como deviam retornar à Europa com mercadorias lucrativas, procuraram saber o que poderiam explorar no território.

Descobrimento do Brasil, pintura de Oscar Pereira da Silva, 1922.

3 Observe a pintura e preste atenção aos detalhes.

a. Quem é o autor dessa pintura e em que ano ela foi feita?

_____

_____

b. Que acontecimento é representado na pintura? Quando isso ocorreu?

_____

_____

_____

c. O autor da pintura presenciou esse fato? Justifique sua resposta.

_____

_____

_____

Os indígenas, segundo os portugueses

Pero Vaz de Caminha era o escrivão da esquadra de Cabral. Ele escreveu uma carta informando ao rei português a chegada à nova terra.

Leia o trecho da carta em que Caminha descreve os indígenas.

A feição deles é serem pardos, um tanto avermelhados, de bons rostos e bons narizes, benfeitos. Andam nus, sem cobertura alguma. Nem fazem caso de encobrir ou deixar de encobrir suas vergonhas [...]. Acerca disso são de grande inocência. [...]

Os cabelos deles são corredios. E andavam **tosquiados**, de tosquia alta [...] de boa grandeza, rapados todavia por cima das orelhas. [...]

O Capitão, quando eles vieram, estava sentado em uma cadeira [...] e bem-vestido, com um colar de ouro, mui grande, ao pescoço. [...] um deles fitou o colar do Capitão, e começou a fazer acenos com a mão em direção à terra, e depois para o colar, como se quisesse dizer-nos que havia ouro na terra. E também olhou para um castiçal de prata e assim mesmo acenava para a terra e novamente para o castiçal, como se lá também houvesse prata!

Tosquiado: com o cabelo cortado.

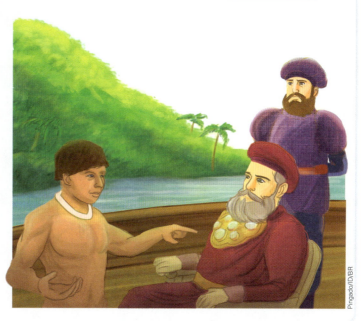

Pero Vaz de Caminha. *Carta a El Rei D. Manuel*. Disponível em: <http://linkte.me/tjuue>. Acesso em: 12 abr. 2016.

4 Compare as informações desse relato com a pintura da página 20.

a. Quais as semelhanças e as diferenças entre as informações contidas na carta e a cena representada na pintura? Comente.

_____

_____

_____

b. Podemos dizer que Oscar Pereira da Silva se baseou nos registros de Caminha para fazer a pintura? Explique.

_____

_____

Os portugueses, segundo os indígenas

Como os indígenas encararam a chegada dos portugueses a suas terras? Leia um trecho do discurso do pajé M'Boré Guaçu, do povo Tupinambá, que viveu no Maranhão no século XVII. O texto dá uma ideia de como os indígenas viram os acontecimentos.

Vi a chegada dos *peró* [portugueses]. [...] disseram que devíamos colaborar com eles, construindo fortalezas e erguendo cidades para que todos pudessem morar juntos. E assim parecia que queriam fazer uma só nação.

[...] mandaram vir *paí* [padres], que ergueram cruzes e começaram a instruir os nossos e a batizá-los. Depois falaram que os *paí* precisavam de escravos para os servir e trabalhar nas suas lavouras. E demos-lhes pessoas para serem escravos.

Depois, não satisfeitos com estes escravos que tomávamos nas guerras, exigiram também os nossos filhos e no fim acabaram escravizando toda a nação. Com tal tirania e crueldade trataram os pobres coitados, que os que ainda estavam livres, como nós, tivemos que deixar a região.

Egon Heck e Benedito Prezia. *Povos indígenas*: terra é vida. São Paulo: Atual, 2009. p. 25.

5 Responda às questões a seguir para relembrar algumas características da vida dos indígenas antes da chegada dos portugueses.

a. As fortalezas e as cidades dos portugueses eram semelhantes às moradias dos indígenas? _____

b. Nas crenças indígenas, havia o símbolo da cruz? E o batismo? _____

c. Os indígenas eram livres? Em que situação eram escravizados?
_____
_____

6 Agora, compare suas respostas com as informações do texto. Depois, escreva sobre as mudanças que aconteceram na vida dos povos indígenas com a chegada dos *peró*.
_____
_____
_____

Registros

Mapas

Quando começaram a viajar pelo Atlântico, os europeus logo perceberam que necessitariam de **cartas náuticas** mais precisas. As que existiam até então já tinham a rosa dos ventos com traçados de direção. Tinham também alguns desenhos que forneciam informações sobre o local representado. Mas era necessário aperfeiçoá-las.

Carta náutica: mapa usado para navegação; por isso, ao ser elaborado, dava-se destaque aos mares e oceanos.

Os cartógrafos se baseavam nas informações dos viajantes para elaborar os mapas, que eram peças únicas, feitas manualmente.

Na época das Grandes Navegações, devido à disputa entre as nações para descobrir terras e riquezas, os mapas eram considerados "segredo de Estado". O primeiro mapa que mostra as conquistas marítimas dos portugueses é o planisfério de Cantino, feito em 1502.

■ Observe o mapa e responda às questões.

Planisfério de Cantino, mapa feito por cartógrafo europeu em 1502.

a. Quais são as diferenças entre o planisfério de Cantino e a imagem de abertura da unidade em relação aos continentes?

_____

b. Por que os mapas eram considerados "segredo de Estado"?

_____
_____
_____

23

Pau-brasil: a primeira riqueza

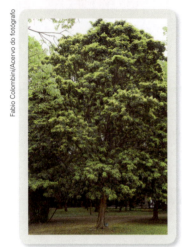

Pau-brasil.

Quando chegaram, os portugueses não encontraram metais preciosos, uma das principais riquezas que buscavam na época. Mas encontraram **pau-brasil**, uma árvore que havia em grande quantidade no litoral, entre os atuais estados do Rio Grande do Norte e do Rio de Janeiro.

Para os índios tupis, o pau-brasil era ibirapitanga, que quer dizer "árvore vermelha". Da madeira, eles extraíam um corante vermelho para tingir as penas dos ornamentos. Faziam também arcos e flechas.

Os portugueses sabiam que poderiam ter lucros com a exploração do pau-brasil. Na Europa, o corante servia para tingir tecidos e a madeira era usada na fabricação de móveis e embarcações. Passaram então a extrair o pau-brasil.

Fonte de pesquisa: Conselho Nacional Reserva da Biosfera da Mata Atlântica. Disponível em: <http://linkte.me/txel6>. Acesso em: 12 abr. 2016.

Fonte de pesquisa: Fundação SOS Mata Atlântica. Disponível em: <http://linkte.me/k2623>. Acesso em: 12 abr. 2016.

1 Observe os mapas acima, compare-os e responda às questões.

a. O que aconteceu com a Mata Atlântica ao longo do tempo?

_____

b. Quanto tempo levou para essa mudança acontecer?

_____

c. Por que isso deve ter ocorrido com a Mata Atlântica? Converse com os colegas e o professor.

Escambo

Para extrair o pau-brasil, os portugueses utilizavam o trabalho dos indígenas. Eram os indígenas que derrubavam as árvores, cortavam os troncos em toras, levavam a madeira até a praia e carregavam os navios.

Em troca da madeira, os portugueses entregavam aos indígenas machados, foices, tecidos, espelhos, pás, facas e outros objetos que os nativos consideravam importantes. Esse tipo de troca recebeu o nome de **escambo**, pois não envolvia moeda.

Para armazenar as toras de madeira que seriam levadas para a Europa, os portugueses construíram **feitorias** ao longo do litoral, que eram galpões de madeira protegidos por **paliçadas**. Durante o ano, apenas três ou quatro homens permaneciam nas feitorias.

Paliçada: cerca feita de troncos pontiagudos.

Departamentde Cartes Et Plans de La Bibliothèque Nationale, Paris, França. Fotografia: ID/BR

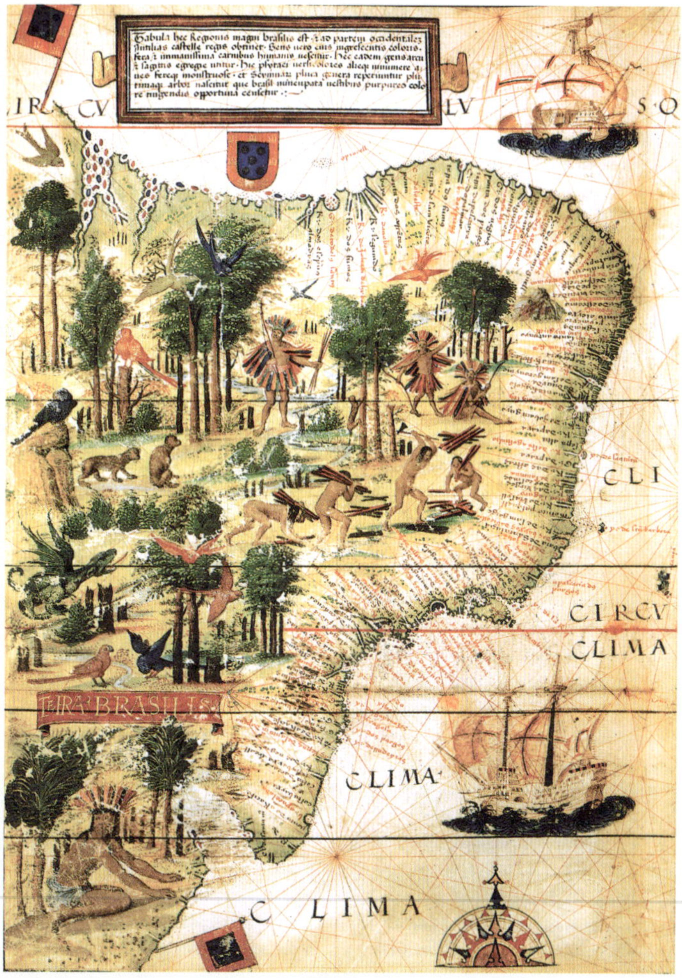

No mapa *Terra Brasilis*, de 1519, Lopo Homem e Pedro Rangel representaram a extração do pau-brasil.

2 Veja o mapa, leia a legenda e responda às questões.

a. Quando foi feito o mapa? ______

b. Qual é o nome desse mapa? ______

c. O que os desenhos do mapa representam? Descreva os detalhes.

______

______

d. Qual é o nome da mata onde crescia o pau-brasil? ______

Agora já sei!

1 Observe novamente a pintura de Oscar Pereira da Silva na página 20. O título da pintura é *Descobrimento do Brasil*. Como os portugueses não conheciam essas terras, para eles esse título é apropriado. Mas qual seria o ponto de vista dos indígenas? Eles dariam outro título para a pintura? Em caso afirmativo, qual você acha que seria? Anote suas hipóteses e depois converse com os colegas e o professor sobre essas questões.

_____
_____
_____

2 Observe o mapa abaixo, feito no século XVI, e responda às questões.

Brasil, mapa de Giacomo Gastaldi e Giovanni Battista Ramusio, 1556.

a. Segundo o mapa, qual era a principal riqueza do Brasil nesse período?

_____

b. Na imagem, alguns indígenas foram representados usando uma ferramenta que não pertencia à cultura deles. Que ferramenta é essa? Como eles a conseguiram?

_____
_____
_____

3 Você sabia que a Mata Atlântica possui uma grande variedade de plantas e animais? Bromélia, suçuarana, imbaúba, bugio, jaguatirica, jacarandá...

a. Procure no dicionário o significado dos nomes acima que você não conhece. Preencha a tabela, colocando cada variedade citada no respectivo lugar.

Plantas	
Animais	

b. Em sua opinião, o que pode ser feito para preservar a Mata Atlântica? Escreva um pequeno texto e leia-o para a turma.

_____
_____
_____
_____

4 O texto a seguir fala sobre feiras de trocas de brinquedos em diversos municípios do Brasil. Leia-o e depois responda às questões abaixo.

> As crianças crescem, e seus brinquedos vão ficando menos legais. Para liberar espaço nas prateleiras ou renovar o estoque, muitos pais têm recorrido a feiras de trocas, eventos em que os pequenos negociam [...] carrinhos, bonecas e outros itens.
> A proposta das feiras é estimular pais e filhos a repensarem o consumo [...] e dar chance para as crianças treinarem o desapego [...].

Rafael Balago. Feiras de troca garantem brinquedos novos e ensinam a praticar o desapego. *Folha de S.Paulo*, São Paulo, 27 abr. 2014. Disponível em: <http://linkte.me/k92z5>. Acesso em: 12 abr. 2016.

a. As feiras de trocas podem ser relacionadas a qual prática entre portugueses e indígenas no século XVI?

_____

b. O que você costuma fazer com os brinquedos que não usa mais? Você já participou ou participaria de uma feira de trocas? Conte à turma e ao professor.

CAPÍTULO 3 — O início da colonização

Você gosta de doces? Leia a receita a seguir.

Doce de leite caseiro

Ingredientes
- 4 xícaras (chá) de leite
- 2 xícaras (chá) de açúcar

Modo de preparar
1. Numa panela, junte o leite e o açúcar e leve ao fogo baixo, mexendo sempre, até o açúcar dissolver (cerca de 10 minutos).
2. Cozinhe, mexendo sempre para o leite não ferver, por mais 1 hora ou até o creme engrossar e adquirir uma cor de caramelo-claro. Se necessário, deixe por mais tempo para atingir o ponto certo.
3. Quando o doce estiver com a cor de caramelo, retire a panela do fogo e deixe esfriar.
4. Transfira para um pote de vidro esterilizado e guarde na geladeira por, no máximo, 10 dias.

Doce de leite caseiro. Panelinha. Receitas que funcionam. Disponível em: <http://linkte.me/lupf6>. Acesso em: 12 abr. 2016.

1 Você sabe qual dos ingredientes dessa receita é responsável por deixá-la doce? Em caso afirmativo, circule-o no texto.

2 Em que outras receitas você acha que esse ingrediente é utilizado? São receitas de pratos doces ou salgados?

3 Esse produto já foi um artigo de luxo, que custava muito caro, e faz parte da história do Brasil. Você sabe como ele é produzido? Em caso afirmativo, conte aos colegas.

4 Algumas pessoas só podem ingerir quantidades muito pequenas desse alimento. Você conhece alguém com esse tipo de restrição alimentar? Sabe qual é a origem dessa restrição? Conte aos colegas.

O cultivo da cana e a produção do açúcar

Logo após a chegada, os portugueses tomaram posse das terras, e o Brasil passou a ser colônia de Portugal.

Os portugueses começaram a extrair pau-brasil e construíram feitorias no litoral. Foi assim por cerca de trinta anos.

No entanto, eles perceberam que, para impedir invasões estrangeiras e garantir a posse da colônia, somente as feitorias não bastavam. Assim, passaram a ocupá-la e a fazer com que produzisse riqueza para Portugal. Para isso, cultivaram cana-de-açúcar, pois, na Europa, o açúcar era um produto caro e poderia garantir bons lucros aos portugueses.

Em 1532, Martim Afonso de Sousa, por ordem do rei de Portugal, veio para o Brasil trazendo mudas de cana-de-açúcar, além de pessoas para viver aqui. Os portugueses passaram a cultivar a cana e a produzir açúcar.

Os portugueses já plantavam cana-de-açúcar nas ilhas Madeira, Açores e Cabo Verde. A experiência foi um dos fatores que contribuíram para o sucesso dessa lavoura no Brasil. Além disso, o solo, o clima quente e, sobretudo, o trabalho de africanos escravizados foram fundamentais.

1 Observe a imagem, leia a legenda e responda à questão.

Eram os africanos escravizados que faziam quase todo o trabalho de cultivo da cana e fabricação do açúcar. Gravura de Jean-Baptiste Debret, feita em cerca de 1834, representando uma pequena moenda.

- Quem são as pessoas que aparecem na imagem, trabalhando na fabricação do açúcar?

■ O trabalho no cultivo

O cultivo da cana começava com a limpeza do terreno. Os trabalhadores escravizados derrubavam parte da mata e depois, com enxadas ou arados (puxados por bois), preparavam a terra para plantar as mudas.

A cana era colhida cerca de um ano depois do plantio. Nesse período, os escravizados retiravam o mato da plantação e faziam outros trabalhos no engenho. Na época da colheita, ateava-se fogo ao canavial para facilitar a circulação por ele. Era a **queimada**. Com facões e foices, os escravizados cortavam a cana e carregavam os feixes até os carros de boi.

Em seguida, ela era levada para a **casa da moenda**, onde se iniciava a produção do açúcar.

Trabalhadores escravizados no canavial. O homem a cavalo é o **feitor**, encarregado de vigiá-los. Gravura de 1881.

Trabalhador rural durante a colheita de cana na cidade de Salinas, MG. Foto de 2013.

2 Observe as imagens e compare os trabalhadores. Há diferenças entre eles? Quais? E o que permaneceu?

3 Ainda se fazem queimadas no Brasil. Algumas são feitas em áreas já desmatadas, para facilitar a atividade agrícola; outras, para fazer desmatamento. Muitas são ilegais. O Instituto Nacional de Pesquisas Espaciais (Inpe) realiza o monitoramento (observação) das queimadas por meio de imagens produzidas por satélite.

■ Converse com os colegas e responda: Qual é a importância do monitoramento das queimadas?

O trabalho na produção do açúcar

Na casa da moenda, a cana era espremida, extraindo-se o caldo.

O caldo era transportado em recipientes de madeira para a **casa das fornalhas**, onde era cozido até se transformar em **melaço**.

O melaço seguia então para a **casa de purgar**, onde era coado e colocado em formas de barro. E ali, durante cerca de dois meses, o melaço ficava secando até endurecer. No final desse período, retiravam-se das formas os chamados **pães de açúcar**.

Esses pães eram quebrados em torrões e selecionados: os pedaços mais claros eram embarcados para a Europa, e os mais escuros eram consumidos no próprio engenho.

Gravura do holandês Pieter van der Aa, datada provavelmente de 1729, mostrando um engenho no Nordeste brasileiro.

4 Observe a imagem acima e numere cada etapa da produção de açúcar no engenho, conforme as legendas a seguir.

1. Colheita.
2. Moagem da cana para extrair o caldo.
3. Cozimento do caldo para obter melaço.
4. Separação do pão de açúcar.

O engenho

Originalmente, a palavra **engenho** referia-se aos equipamentos usados na moagem do açúcar. Com o tempo, passou a designar a propriedade onde se cultivava a cana e se produzia o açúcar.

A vida no engenho girava em torno de seu proprietário, o **senhor de engenho**. Ele era a autoridade máxima e controlava toda a vida no engenho, devido, principalmente, aos bens que possuía: a fazenda, os animais, os escravos.

O primeiro engenho foi instalado na vila de São Vicente, localizada no litoral do atual estado de São Paulo. Mas foram os engenhos do nordeste da colônia, onde hoje se situam os estados de Pernambuco e Bahia, os que mais prosperaram.

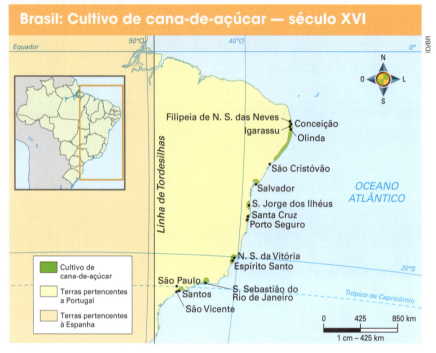

Fonte de pesquisa: José Jobson de A. Arruda. *Atlas histórico básico*. São Paulo: Ática, 2011. p. 36.

Usina localizada em Castro, PR, onde são produzidos açúcar e etanol. Foto de 2012.

1 Circule, no mapa, a região com maior área de cultivo da cana-de-açúcar no século XVI.

2 Observe a foto acima, leia a legenda e responda às questões.

　a. Atualmente, o açúcar é o único produto feito a partir da cana-de-açúcar? Explique.

_____

　b. Nos dias de hoje, o açúcar é produzido em engenhos? Justifique sua resposta.

_____

▪ Conhecendo melhor um engenho

A maior parte das terras do engenho era reservada ao canavial. Uma parte das matas era mantida para fornecer lenha às fornalhas. Além do canavial e das matas, outras construções faziam parte do engenho.

Na pintura a seguir, Frans Post representa algumas dessas construções. Observe-a e conheça melhor um engenho.

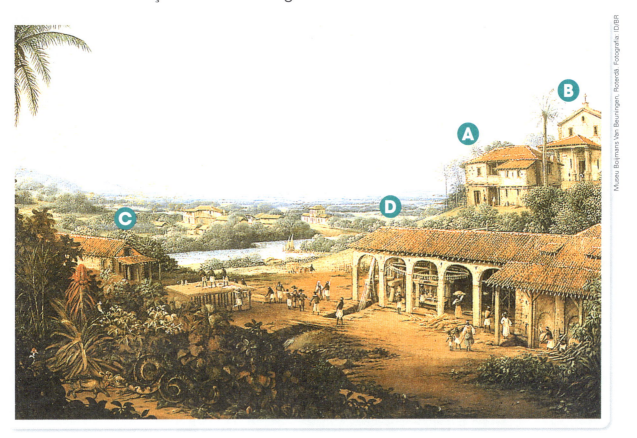

O engenho, pintura de Frans Post, datada de 1668.

- **A. Casa-grande:** construção ampla, com vários cômodos, onde o senhor de engenho vivia com sua família.
- **B. Capela:** uma pequena igreja onde eram celebradas missas e cerimônias de batismo ou casamento.
- **C. Senzala:** construção rústica, em condições precárias, sem mobília, que era a moradia dos escravos.
- **D. Local destinado à produção do açúcar:** lugar que contava com a casa da moenda, a fornalha e a casa de purgar.

3 Uma grande propriedade rural, hoje, não poderia ter qual dessas partes que compunham um engenho? Por quê?

_____

_____

Agora já sei!

1 Leia as frases sobre o início do processo de colonização do Brasil e numere-as de 1 a 6, ordenando-as de acordo com os acontecimentos.

☐ A propriedade onde se cultivava cana e produzia açúcar chamava-se engenho.

☐ Havia ameaça de invasão estrangeira.

☐ Em 1500, os portugueses chegaram às terras dos indígenas e logo tomaram posse delas.

☐ Para o trabalho no cultivo da cana e na produção do açúcar, os donos de engenho usaram mão de obra escrava, principalmente de africanos.

☐ O primeiro produto que os portugueses exploraram foi o pau-brasil, e o trabalho era feito pelos indígenas.

☐ Com receio de perder a posse da colônia, os portugueses decidiram ocupar as terras, trazendo pessoas para morar e iniciando o cultivo de cana-de-açúcar.

2 Observe a imagem e responda às questões a seguir.

Gravura representando engenho de cana, publicada na obra *Historia Naturalis Brasiliae*, de Willem Piso e George Marcgraf, 1648.

a. Quem são as pessoas que aparecem na imagem?

_____

_____

b. O que essas pessoas estão fazendo?

_____

_____

c. Como é movida a moenda da gravura?

_____

34

3 Classifique as atividades a seguir de acordo com as etapas apresentadas na tabela: derrubar parte da mata; extrair o caldo da cana; fazer a queimada; arar a terra; embarcar para a Europa; produzir o melaço; purgar e retirar das formas os pães de açúcar; fazer a colheita da cana.

Cultivo de cana-de-açúcar	Produção e venda do açúcar

a. Vá para a página 145 e recorte as ilustrações que retratam essas etapas.

b. Em uma folha à parte, cole as ilustrações na sequência correta e escreva uma pequena legenda para cada uma delas.

c. Com a orientação do professor, exponha seu trabalho no mural da sala de aula.

4 Como era a casa-grande? E a senzala? Com base no que você estudou, desenhe-as no espaço abaixo. Depois, troque de livro com um colega e observe os desenhos que ele fez. Tente perceber as diferenças e as semelhanças em relação a seus desenhos.

■ Agora, conte aos colegas: Como você acha que era viver na casa-grande? E na senzala? Onde a qualidade de vida poderia ser melhor? Por quê?

Vamos fazer!

Bússola

Na época das Grandes Navegações, os portugueses contaram com alguns instrumentos náuticos que possibilitaram viajar no oceano desconhecido. Um desses instrumentos era a bússola, invenção dos chineses.

Que tal se reunir com os colegas para fazer uma bússola e ver como ela funciona?

Do que vocês vão precisar

- uma placa de isopor no tamanho 50 cm × 100 cm
- agulha
- rolha de cortiça
- prato fundo com água
- ímã
- etiqueta ou pequenos pedaços de papel e fita adesiva
- tesoura com pontas arredondadas

Como fazer

1. Recortem quatro pedaços pequenos da etiqueta e anotem: norte, sul, leste e oeste. Deixem os pedaços separados por enquanto.

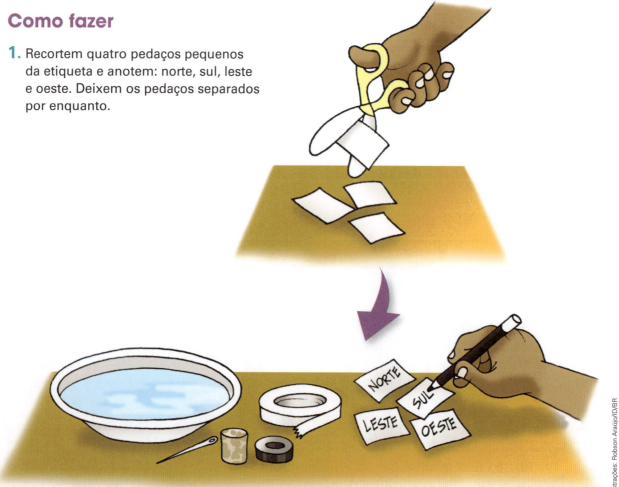

2. Com a ajuda do professor, magnetizem a agulha, esfregando uma de suas extremidades no ímã (sempre na mesma direção) umas vinte vezes.

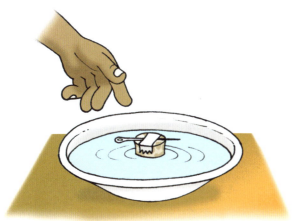

3. A agulha deve ser fixada horizontalmente no meio da rolha de cortiça. Coloquem-na na superfície da água do prato, de modo que ela flutue.

4. Observem que a extremidade da agulha que foi magnetizada aponta sempre na mesma direção: norte. Mesmo que vocês a movimentem, ela retorna para essa direção.

5. Para terminar, é só colar as etiquetas na borda do prato, de acordo com a direção norte-sul.

Agora, usem a bússola para identificar de que lado da sala o Sol aparece pela manhã. Vocês podem verificar em que sentido está localizado, por exemplo, o pátio, a cantina, a biblioteca, a quadra, os banheiros, o bebedouro, enfim, o que escolherem.

O que aprendi?

1 Leia o texto e responda às questões.

> Até o século XV, o mundo conhecido pelos europeus se limitava à Europa, à Ásia e ao norte da África. O saber científico era escasso e os instrumentos, imprecisos. [...]
>
> Hoje, basta olhar um mapa-múndi para conhecer os contornos dos seis continentes – Europa, Ásia, África, América, Oceania e Antártida – que compõem o nosso planeta. Foram necessários séculos para colocar todos os pedaços de terra e de água no desenho do globo e desfazer as imagens fantásticas sobre o desconhecido. As condições favoráveis para o conhecimento da Terra surgiram com a navegação em ● e na Espanha. Foi a partir dos séculos XV e XVI, época das ★ e da descoberta do Brasil, que a cartografia começou a se desenvolver como ciência cada vez mais próxima da realidade.

Revista Semanal da Lição de Casa, São Paulo, Klick, p. 16, 2000.
Encarte do jornal *O Estado de S. Paulo*.

a. Qual é o nome do país representado pelo símbolo ●?

_____

b. Substitua o símbolo ★ e escreva a que o texto se refere.

_____

c. Quais eram as "imagens fantásticas sobre o desconhecido"?

_____
_____

d. O termo "descoberta" do Brasil refere-se a quê? Ele é apropriado?

_____
_____
_____
_____

e. Você sabe o que é cartografia? Pesquise em um dicionário ou na internet.

_____
_____
_____
_____

2 Observe as imagens e leia as legendas.

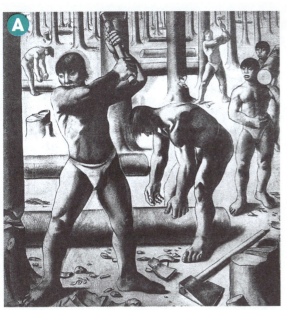

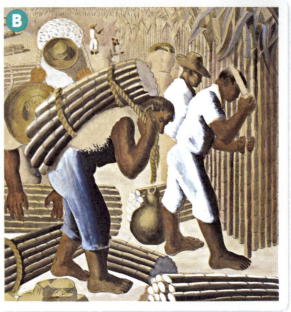

Desenho a lápis de Candido Portinari, feito em 1938, que mostra a extração de pau-brasil.

Pintura de Candido Portinari, feita em 1938, que mostra a colheita de cana-de-açúcar.

a. Sublinhe, nas legendas, o nome do autor das imagens e o ano em que foram feitas.

b. Quem são as pessoas representadas em cada uma das imagens?

c. Circule as imagens com as cores segundo a legenda abaixo.

 Atividade realizada no início da colonização.

 Atividade que ainda é realizada atualmente.

3 Você já viu o selo ao lado? Ele representa um certificado chamado FSC. Esse selo pode acompanhar objetos feitos de madeira e serve para indicar que a madeira utilizada na confecção dos produtos não é de espécies de árvores ameaçadas de extinção nem de áreas de desmatamento.

- Forme grupo com três colegas e anotem, no caderno, os nomes dos objetos de madeira na sala de aula. Depois, tentem descobrir se eles possuem o certificado FSC.

Reprodução do Selo FSC.

UNIDADE 2
O trabalho escravo na colônia

Por mais de trezentos anos, as pessoas escravizadas realizaram quase todo o trabalho no Brasil. Privadas de liberdade, estavam sujeitas a castigos físicos e proibidas de manifestar seus costumes e suas crenças. Resistiram e lutaram muito, até conquistarem a liberdade.

- A cena ao lado mostra diversas pessoas trabalhando. Você sabe o que elas estão fazendo? Conte aos colegas.

- Você conhece os objetos de trabalho que aparecem na cena? Na página 147, há textos que falam sobre alguns deles. Recorte-os e cole-os nos lugares corretos da ilustração.

- Converse com a turma sobre as questões a seguir.

  Saber Ser

  a. Por que a escravidão era permitida no Brasil?

  b. O que dava direito a uns de privarem outros de liberdade?

CESTO

Ilustração representando as ruas de uma cidade brasileira no século XIX.

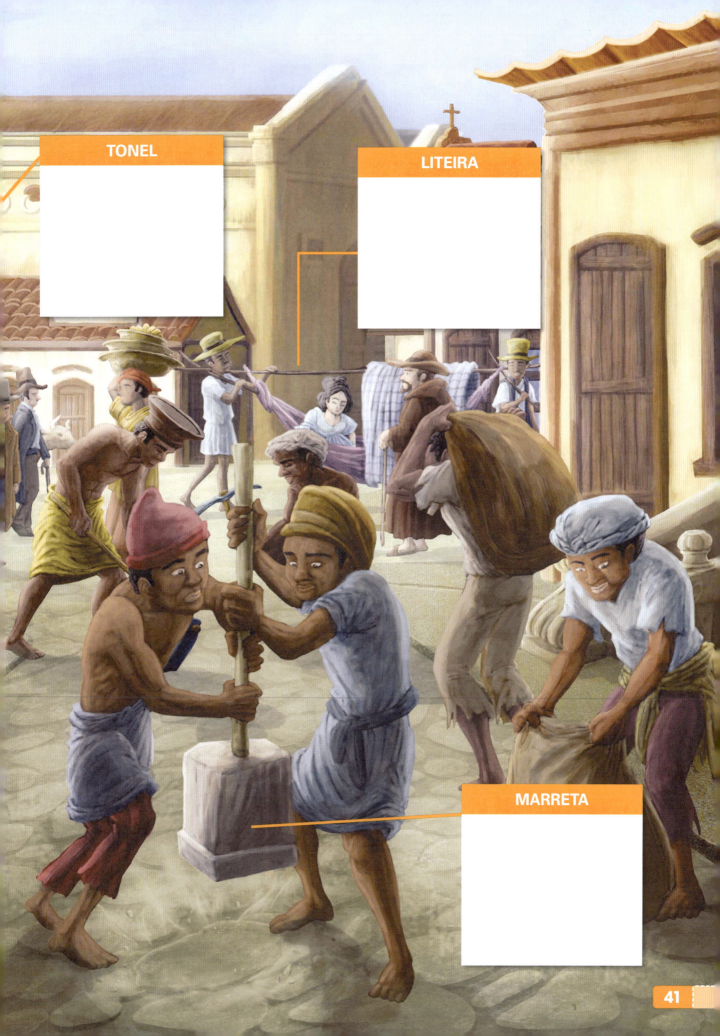

CAPÍTULO 1 — A escravidão

Será que a escravidão sempre existiu? A escravidão era praticada por diversos povos de épocas bem antigas. Os primeiros registros dessa prática têm milhares de anos.

Na Grécia Antiga, por exemplo, há cerca de 2 500 anos, eram escravizados os prisioneiros de guerra e as pessoas que não conseguiam pagar suas dívidas. Eles faziam parte de um grupo social que não tinha alguns direitos básicos, como a liberdade.

A escravidão grega e de outros povos da Antiguidade era diferente da praticada pelos europeus nas colônias americanas. Nessas regiões, prevaleceu o comércio de escravizados. Milhões de africanos foram trazidos para a América entre os séculos XVI e XIX.

Lápide: pedra lapidada em memória de algo ou alguém. Também pode ser utilizada para cobrir túmulos.

Lápide grega de mármore do século IV a.C. representando uma senhora e seus escravos.

1 Observe a foto e responda às questões.

  a. O que está representado na lápide?
  _____

  b. Como as pessoas se tornavam escravas na Grécia dessa época?
  _____

2 Converse com os colegas e o professor sobre a questão a seguir.

  ■ Em sua opinião, a situação do escravo na Grécia Antiga era a mesma que a do escravizado no Brasil colonial? Por quê?

Quem eram as pessoas escravizadas?

Desde o início da colonização, praticamente todo trabalho no Brasil era realizado por indígenas e africanos escravizados.

O sistema de escambo entre portugueses e indígenas não durou muito tempo. Os portugueses passaram a escravizar os nativos, pois queriam que eles trabalhassem mais e mais.

Por volta de 1568, comerciantes portugueses iniciaram o **tráfico negreiro** para o Brasil. Para eles, era um comércio altamente lucrativo. Homens, mulheres e crianças eram aprisionados na África e vendidos no Brasil, principalmente aos senhores de engenho.

Tráfico negreiro: comércio e transporte forçado de africanos para a América, que se iniciou na época da colonização, no século XVI, e perdurou até o século XIX.

Mesmo com o tráfico de africanos, a escravidão indígena continuou. Esse foi um dos fatores que levaram à redução das populações indígenas.

Gravura de Jean-Baptiste Debret de cerca de 1834, mostrando captura de indígenas. A escravização de indígenas foi proibida em 1755, mas continuou a ser praticada ilegalmente.

Gravura de autoria desconhecida, do século XIX, representando a captura de escravos na África.

1 Compare as imagens **A** e **B**. Elas têm semelhanças? Quais?

_____
_____
_____

2 Converse com os colegas e o professor sobre a questão a seguir.

- Por que os portugueses usaram africanos escravizados se já tinham escravizado os povos indígenas?

43

O tráfico negreiro

Eram principalmente os mercadores portugueses que faziam o tráfico de homens e mulheres escravizados da África para o Brasil. Esse comércio era bastante lucrativo. Muitas vezes, os africanos trazidos eram aprisionados nas guerras entre reinos inimigos na própria África. Eles eram mantidos em feitorias nos portos do litoral até serem embarcados nos navios negreiros, como eram conhecidas as embarcações usadas para transportar africanos escravizados.

Registros

Navio negreiro

O interior de alguns navios negreiros foi representado em esquemas. São registros que mostram as condições em que os africanos escravizados eram transportados. Observe um desses esquemas a seguir.

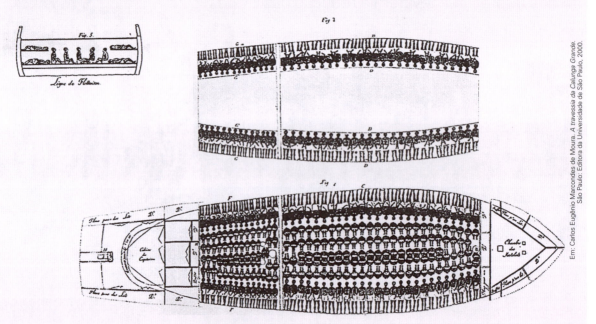

Esquema de 1823 representando o interior de um navio negreiro.

- Imagine que você e os colegas estão em um navio como o representado no esquema. Depois, converse com a turma e o professor sobre as questões abaixo.

    a. Era fácil a locomoção dentro do navio?

    b. Todos podiam se deitar e dormir ao mesmo tempo?

    c. Você acha correto submeter as pessoas a esse tipo de situação? Por quê?

▄ A viagem da África para o Brasil

Partindo da África, o navio levava de três a seis semanas para chegar ao Brasil. Muitos africanos ficavam doentes ou morriam na viagem devido às condições a que eram submetidos: porões escuros e mal ventilados, pouca comida e de má qualidade, espaço muito pequeno para tanta gente.

No Brasil, os africanos eram desembarcados nos portos de Recife, Rio de Janeiro e Salvador.

Gravura de Johann Moritz Rugendas, feita em cerca de 1835, representando o porão de um navio negreiro.

1 Observe a imagem e responda às questões.

a. Quem são as pessoas e o lugar representados na imagem?

_____
_____

b. Por que uma das pessoas está segurando um lampião?

_____
_____

c. Há duas pessoas carregando outra. Por quê?

_____
_____

Mercado de escravos

No Brasil, os africanos eram expostos e colocados à venda nos mercados de escravos. Após a chegada, os comerciantes portugueses passavam óleo de palmeira no corpo das pessoas escravizadas, para deixar a pele brilhante, com aspecto saudável, melhorando sua aparência.

O preço de venda variava de acordo com o sexo, a idade, as condições físicas e a origem. Os compradores preferiam homens jovens e saudáveis.

Para dificultar a resistência à escravidão, os compradores evitavam adquirir muitos homens e mulheres de uma mesma aldeia. Eles tinham receio de que organizassem revoltas e fugas.

O atual Museu do Negro, em São Luís, MA, era, no século XVIII, um mercado de escravos. O prédio não tem janelas, apenas aberturas estreitas para circulação do ar (veja o detalhe). Foto de 2012.

2 Observe a foto, leia a legenda e responda às questões.

a. Por que não há janelas no prédio?

_____

_____

b. Você acha que os escravizados eram acomodados confortavelmente nesse prédio? Por quê?

_____

c. Podemos obter informações históricas dessa construção? De que época?

_____

▬ Em uma terra estranha

Os homens e as mulheres que foram trazidos à força da África pertenciam a muitos povos, com diversos modos de viver e trabalhar.

Muitas comunidades da África dominavam a **metalurgia** e confeccionavam ferramentas, utensílios domésticos, enfeites, armas e outros objetos.

Metalurgia: técnica para a extração e a transformação de metais, como ferro e cobre, em objetos.

Diversos povos desenvolveram técnicas de arquitetura e muitos africanos também eram comerciantes ou artesãos que fabricavam tecidos e objetos de cerâmica.

Representação de um rei africano fabricando armas e ferramentas de ferro diante de sua corte. Aquarela do italiano Antonio Cavazzi, que visitou a África no século XVII.

A mesquita de Djenne foi construída no século XIII, durante o auge do Império de Gana. Considerado um dos maiores reinos africanos do período, os territórios conquistados pelo Império de Gana se localizavam entre os atuais Mali e Mauritânia. Foto de 2014.

3 Leia o texto e responda à questão.

> E a cada etapa da travessia [...] da África para o Brasil, era mais provável a pessoa se ver sozinha diante do desconhecido, tendo de aprender quase tudo de novo.
> No entanto, nada disso era capaz de apagar o que ela havia sido até então. Mesmo se capturada quando criança, ela traria dentro de si todo o conhecimento e a sensibilidade que sua família e vizinhos haviam até então lhe transmitido pela educação e pelo exemplo da vida cotidiana.

Marina de Mello e Souza. *África e Brasil africano*. São Paulo: Ática, 2006. p. 85.

■ Por que os africanos tinham de aprender quase tudo de novo?

Agora já sei!

1 Observe a imagem, leia a legenda e responda às questões.

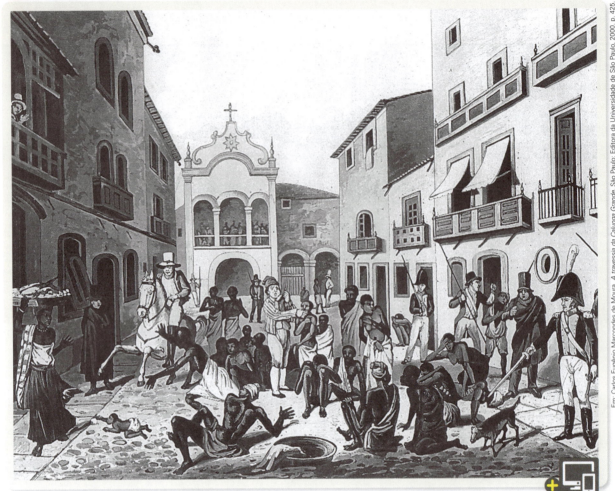

Mercado de escravos de Recife no desenho de Augustus Earle, por volta de 1820.

a. O que a imagem representa?

_____

b. Em que lugar as pessoas estão?

_____

c. Descreva o que as pessoas escravizadas estão fazendo.

_____

d. O que os homens brancos estão fazendo?

_____

_____

e. Como os homens e as mulheres escravizados parecem se sentir?

_____

2 Em dezembro de 2013, pescadores do litoral cearense encontraram restos de uma embarcação, o que revela informações importantes sobre o passado da região. Leia o texto e a seguir faça o que se pede.

> [...] Enquanto mirava para localizar peixes, Pedro José e outros dois pescadores encontraram pedaços da história do Ceará, a partir de restos de uma antiga embarcação e, possivelmente, de ossada humana presa a correntes. A Capitania dos Portos do Ceará tomou conhecimento do material e levará uma equipe de mergulhadores ao local. Pelo que avistaram no mergulho, os pescadores acreditam ter encontrado restos de uma embarcação que levava escravos. Os famosos navios negreiros.

Melquíades Júnior. Pescadores acham restos de possível navio negreiro. *Diário do Nordeste*, Fortaleza, 22 maio 2013. Disponível em: <http://linkte.me/xfgne>. Acesso em: 12 abr. 2016.

a. Os pescadores formularam a hipótese de que o achado se tratava de um navio negreiro, pois encontraram uma ossada humana presa a correntes. Você concorda com a opinião deles? Converse com os colegas.

b. Se as pesquisas históricas confirmarem que se trata de um navio negreiro, além das praias do Ceará, em que outros locais do litoral brasileiro esse tipo de embarcação poderia ser visto com frequência?

_____

3 Os escravizados traziam para o Brasil muitos conhecimentos e habilidades desenvolvidos pelos povos africanos. Qual era a principal técnica de fabricação de objetos dominada pelos africanos?

_____

4 Leia o texto e converse com os colegas e o professor sobre a questão: Por que será que ainda existe escravidão no Brasil?

> Segundo estimativas, há cerca de 160 mil brasileiros trabalhando em condições semelhantes à escravidão atualmente no país. [...]
> Ainda segundo o índex de 2014, os setores com o maior número de casos reconhecidos de trabalho escravo são a construção industrial, a agricultura e a mineração. [...]

10 produtos que você consome e podem ser fruto de trabalho escravo. *Catraca Livre*, 17 dez. 2014. Disponível em: <http://linkte.me/l193c>. Acesso em: 12 abr. 2016.

CAPÍTULO 2 — Escravidão na colônia

Leia a seguir o texto do historiador Júlio Quevedo.

[...] Nas casas das famílias mais abastadas havia dezenas de escravos domésticos: amas de leite, babás, [...] pajens, arrumadeiras, passadeiras, cavalariços, cocheiros e carregadores de liteiras ou "cadeirinhas", onde os brancos eram transportados de um lugar para outro. As pessoas mais modestas procuravam comprar ao menos um "moleque" para carregar os pacotes quando saíam às ruas. Além do serviço doméstico, eram considerados "trabalho de negro" as obras da construção civil e o comércio ambulante.

Gravura de autoria desconhecida representando o transporte de senhora em liteira, 1816.

Em: Carlos Eugênio Marcondes de Moura. *A travessia da Calunga Grande*. São Paulo: Editora da Universidade de São Paulo, 2000. p. 332.

Júlio Quevedo. *A escravidão no Brasil*: trabalho e resistência. São Paulo: FTD, 1998. p. 24-25.

1 Responda às questões a seguir.

a. De que trata o texto?

_____

b. Quais os dois tipos de família citados no texto?

_____

c. Qual delas possuía maior número de trabalhadores escravizados?

_____

2 Faça uma pesquisa em livros, revistas ou na internet sobre cada uma das atividades citadas no texto. Descreva as atividades e procure saber as que desapareceram e as que ainda existem. Ao final, compartilhe o resultado de sua pesquisa com os colegas.

A escravidão nos engenhos

Na lavoura ou nos trabalhos domésticos, eram os africanos escravizados que faziam quase tudo.

Leia o texto a seguir para ter uma ideia da importância do africano no engenho. É um trecho de um livro que foi escrito pelo jesuíta italiano Antonil e publicado pela primeira vez em 1711. Ele viveu no Brasil por cerca de 35 anos.

Os escravos são as mãos e os pés do senhor do engenho, porque sem eles no Brasil não é possível fazer, conservar [...].

Uns chegam ao Brasil muito rudes e muito fechados e assim continuam por toda a vida. Outros, em poucos anos saem **ladinos** e espertos, assim para aprenderem a doutrina cristã, como para buscarem modo de passar a vida [...]. Dos ladinos, se faz escolha para caldeireiros, **carapinas** [...], tacheiros, barqueiros e marinheiros, porque estas ocupações querem maior **advertência**. [...]

Ladino: africano escravizado que falava português.
Carapina: carpinteiro.
Advertência: observação e atenção na execução de uma atividade.

André João Antonil. *Cultura e opulência do Brasil*. Belo Horizonte: Itatiaia, 1997. p. 89.

1 Vamos interpretar e analisar o texto? Siga as etapas.

a. Qual é o título da obra, quem é o autor e quando foi publicada pela primeira vez?

b. Sublinhe no texto o trecho em que o autor fala da importância do trabalho escravo no engenho.

c. Quem eram os escravos ladinos e em que funções costumavam trabalhar?

O dia a dia

Nos engenhos, os africanos trabalhavam de 14 a 17 horas por dia, sob a vigilância dos feitores, que deviam evitar fugas e tinham ordem para castigar as pessoas que resistissem ao trabalho.

As pessoas escravizadas participavam de todas as etapas da produção do açúcar, desde o cultivo da cana até a embalagem do açúcar a ser enviado à Europa.

Engenho de cana, gravura de Henry Koster, de cerca de 1810.

Havia também os escravizados que trabalhavam no âmbito doméstico. Eram homens e mulheres responsáveis por tudo que estivesse relacionado à casa-grande e a seus moradores, como o preparo dos alimentos, o cuidado com as crianças, a limpeza da casa e das roupas e outros afazeres.

Um funcionário a passeio com sua família, gravura de Jean-Baptiste Debret, de 1839.

2 Observe as imagens e compare-as.

a. O que está representado em cada gravura?

_____

_____

b. Quais são as diferenças entre as pessoas escravizadas da gravura **A** e as da gravura **B**? Verifique vestimentas, aparência e tarefas que realizam.

_____

_____

c. Por que você acha que havia essas diferenças?

_____

_____

Vivendo na senzala

Em geral, as senzalas eram grandes barracões em forma de L ou U, sem janelas ou com janelas gradeadas; não possuíam divisão interna nem mobília, e o chão era de terra batida. Os homens e as mulheres escravizados não tinham privacidade e dormiam em esteiras estendidas no chão.

Nas refeições, geralmente recebiam, em pequena quantidade, farinha de mandioca, milho, feijão e arroz. Muitas vezes, o senhor de engenho permitia que tivessem um dia de folga para cultivar os alimentos que consumiriam.

Para a maioria dos escravos, as roupas eram feitas com tecidos de algodão grosseiro, e as crianças normalmente andavam nuas.

Terminado o dia, os trabalhadores escravizados iam para a senzala e, sempre que possível, reuniam-se, conversavam, cantavam, contavam histórias. Desse modo, preservavam suas tradições, mantendo a identidade de seus povos.

Em algumas fazendas, havia senzalas divididas em pequenos cômodos ou senzalas menores reservadas para famílias, como a da imagem. *Habitação de negros*, gravura de Johann Moritz Rugendas, de 1835.

3 Observe o quadro de Rugendas e responda.

a. Quem são as pessoas que aparecem na imagem? O que estão fazendo?

_____

b. Como estão vestidos os adultos e as crianças?

_____

c. Como é a moradia representada na imagem?

_____

A escravidão nas minas

Desde que aqui chegaram, os portugueses desejavam encontrar ouro e prata. A partir de 1532, diversas expedições partiram de diferentes pontos da colônia à procura de metais preciosos. Todas sem sucesso.

No final do século XVII, **bandeirantes** paulistas descobriram ouro em regiões que hoje correspondem aos estados de Minas Gerais, Goiás e Mato Grosso.

A descoberta do ouro provocou grandes mudanças na colônia. Pessoas de todas as partes deixaram suas casas e seguiram para a região das minas. Muitos portugueses também vieram para o Brasil nessa época.

No século XVIII, o Brasil tornou-se o principal produtor mundial de ouro. Mas a intensa exploração acelerou o processo de esgotamento das minas, já no final do mesmo século.

E qual foi a mão de obra utilizada? Observe a imagem.

Homens escravizados trabalhando na lavagem de diamantes e ouro em Serro Frio, hoje município de Serro, em Minas Gerais, em 1821. Gravura atribuída a John Mawe.

Bandeirante: homem livre que organizava expedições, chamadas bandeiras, para explorar o interior do território do Brasil, com o objetivo de capturar indígenas e procurar metais preciosos.

1 De acordo com o texto e a imagem, responda.

a. Na cena representada há escravos e feitores. O que faz cada um?

b. Por que os feitores vigiavam os escravos que trabalhavam nas minas?

c. Em sua opinião, como eram as condições de trabalho dos escravos nas minas?

■ O tráfico para as minas

A necessidade de trabalhadores na mineração fez com que o tráfico de escravos se intensificasse. Em 1735, havia mais de 100 mil africanos nas minas. Muitos deles tinham sido deslocados dos engenhos do Nordeste para a região das minas. O preço dos escravos era muito alto nas áreas de mineração e isso estimulou o comércio de africanos entre diferentes lugares da colônia.

Nesse período, a produção de açúcar atravessava uma crise econômica. Por isso, senhores de engenho do Nordeste venderam escravos para os proprietários de minas.

Entreposto de viajantes, gravura de 1835, feita por Johann Moritz Rugendas. A obra mostra um local de descanso para viajantes e escravos. Nos caminhos para as minas existiam vários pousos ou ranchos.

2 De onde vinham os escravos trazidos para a região mineradora?

_____

_____

3 Qual é a relação que podemos estabelecer entre essa imagem e o tráfico de pessoas escravizadas para as minas, durante o século XVIII?

_____

_____

_____

_____

4 Você sabe o que aconteceu com os pousos e ranchos dos caminhos para as minas ao longo do tempo?

_____

O trabalho nas minas

No Brasil, ouro e pedras preciosas foram encontrados em leitos de rios e encostas de montanhas. O ouro extraído dos rios era de aluvião, isto é, estava misturado a areia e cascalho. Para separá-lo, os escravos utilizavam a bateia, uma vasilha rasa, parecida com um prato grande. Com ela, retiravam do rio uma porção de cascalho e água. Balançando e girando a bateia, conseguia-se separar o ouro, que ficava depositado no fundo.

A extração do ouro das encostas de montanhas exigia muitos trabalhadores. A exploração era difícil e havia riscos de desmoronamento. Os homens escravizados usavam picaretas para retirar torrões de terra ou pedaços de rocha, os quais continham ouro ou pedras preciosas.

5 Observe a imagem e responda.

a. O que o escravo tem nas mãos?

b. Pode-se deduzir que a exploração do ouro representada na cena era de que tipo? Como você chegou a essa resposta?

c. Quem pode ser o homem branco? O que ele faz? Por quê?

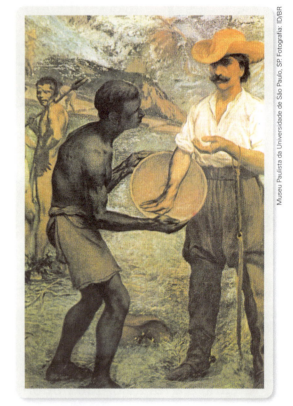

Ciclo do ouro, tela de 1924, do pintor Rodolfo Amoedo.

6 Escreva uma legenda para a imagem com as informações da atividade anterior.

7 Faça uma pesquisa em livros, enciclopédias ou na internet para saber quais são os métodos usados hoje para extrair metais preciosos. Há diferença em relação aos métodos do passado? Quais?

■ Condições de vida dos africanos escravizados na mineração

Nas minas, as condições de vida dos trabalhadores escravizados eram mais difíceis do que nos engenhos.

A época mais propícia para a exploração do ouro era o inverno, pois chovia pouco. As pessoas eram obrigadas a trabalhar no frio, durante muitas horas seguidas, nas águas geladas dos rios. Ou, então, nos túneis e nas galerias subterrâneas das minas, pouco ventilados.

Devido ao trabalho pesado, à escassez de alimentos e às péssimas condições de alojamento, a maioria dos homens não resistia a mais de sete anos de trabalho nesses lugares.

Apesar das condições, os escravos que trabalhavam nas minas tinham mais oportunidades para comprar a **carta de alforria**. A vigilância era rigorosa, mas eles juntavam dinheiro vendendo o ouro que conseguiam separar para si mesmos. Alguns recebiam a carta de alforria depois de trabalharem muito e enriquecerem seus senhores.

Carta de alforria: documento emitido pelo proprietário do escravo, concedendo-lhe liberdade, mediante pagamento ou não.

➕ SAIBA MAIS

Algumas expressões usadas hoje surgiram na época da mineração.

"Santo do pau oco", por exemplo, teve origem nas imagens de santo, talhadas em madeira, cujo interior era oco para poder esconder ouro em pó e pedras preciosas. Muitas outras formas de contrabando foram utilizadas na região das minas. Até mesmo funcionários do governo, autoridades e religiosos desviavam e cobiçavam o precioso metal.

- Qual é o significado da expressão "santo do pau oco" nos dias de hoje?

_____
_____
_____
_____

Fotos de estátua do século XVIII de Nossa Senhora do Rosário, preservada no Museu da Inconfidência, em Ouro Preto, Minas Gerais.

■ Nas cidades

O grande número de pessoas que circulava na região das minas deu origem a algumas vilas e cidades. Outras, que já existiam na época, cresceram bastante com a mineração.

Nas vilas e cidades, o comércio cresceu e desenvolveram-se muitas atividades e ofícios. Alfaiates, sapateiros, ferreiros, barbeiros, carpinteiros, pedreiros, ourives, escultores, músicos, pintores e muitos outros profissionais atendiam a população. Proprietários de escravos destinavam alguns deles para realizar tarefas nas cidades, como levar recados e transportar mercadorias e pessoas. Observe as imagens.

Nas cidades, alguns escravizados trabalhavam como vendedores. Caminhavam pelas ruas carregando artigos para oferecer às pessoas. *Negros vendedores de aves*, aquarela de Jean-Baptiste Debret, de 1823.

Nas vilas e cidades, o serviço de pavimentação era realizado pelos escravizados. *Negros calceteiros*, aquarela de Jean-Baptiste Debret, de 1824.

8 Nos dias atuais, há trabalho semelhante ao que aparece na imagem **A**? Qual? Existem diferenças?

_____

_____

_____

9 O tipo de trabalho da imagem **B** ainda é realizado? Existem diferenças?

_____

_____

Escravos de ganho

Com o tempo, uma prática tornou-se comum: o senhor mandava os homens e as mulheres escravizados fazerem algum trabalho nas ruas e praças em troca de pagamento. Essas pessoas eram os **escravos de ganho**. Em geral, eles faziam pequenos consertos ou trabalhavam como carregadores, doceiras e pedreiros.

O dinheiro recebido pelo serviço era entregue ao senhor, mas uma parte ficava com o escravo. Ele guardava esse dinheiro para tentar comprar a liberdade.

A maioria das mulheres que trabalhavam como escravas de ganho dedicava-se à venda de doces e frutas. Elas passavam com seus tabuleiros oferecendo os quitutes.

As doceiras preparavam com muita arte os mais variados tipos de doce: cocada, pé de moleque, bolo de milho, pão de ló, sonhos, entre outros.

Para anunciar sua chegada, elas passavam pelas ruas gritando:

"Doce, iaiá! É de maracujá!"

"Doce, sinhá! É de cajá!"

"Geleia é de araçáááá!!!"

Escravas de ganho na aquarela *Refrescos das tardes de verão*, de Jean-Baptiste Debret, feita em 1826.

10 As escravas de ganho anunciavam seus produtos gritando pelas ruas por onde passavam.

- Você já ouviu algum produto sendo anunciado assim? Caso tenha ouvido, conte aos colegas qual era o produto e o que dizia o vendedor. Ouça a experiência dos colegas e verifique se eles ouviram os mesmos anúncios que você.

Agora já sei!

1 Leia o trecho de uma entrevista de um ex-escravo que nasceu entre 1870 e 1880 e responda à questão. (**P** = pergunta; **E** = resposta do ex-escravo.)

> **P**: Como era sua vida na fazenda, no tempo da escravidão?
> **E**: Era trabaiando! De cedo à noite. Era no enxadão, de cedo à noite. Só largava de noite. Comendo em cuia de purungo; em cochinho de madeira. Racionado, ainda! Não era comida, assim, como agora. Era os poquino, os poquino. E o feitor ali. Nóis não tinha tempo de descansar as cadera, nem dez minuto que (como) agora. E o feitor ali, com o bacaiau – que agora dizem chicote –, mas naquele tempo eles diziam bacaiau.

Mário José Maestri Filho. *Depoimentos de escravos brasileiros.* São Paulo: Ícone, 1988. p. 26.

■ Como era o dia a dia desse trabalhador escravizado na fazenda onde vivia?

_____

_____

2 Nos engenhos, além dos afazeres habituais da casa (cozinhar, limpar), os escravos domésticos realizavam várias outras atividades.

Alimentos	Utensílios	Tecidos
• Cuidavam da roça e dos animais. • Faziam farinha, doces e bolos. • Salgavam carnes e peixes para conservá-los e faziam manteiga e queijo.	• Faziam potes de cerâmica, cestos de palha, redes, vassouras, esteiras, facas e pás.	• Fiavam algodão. • Teciam panos. • Teciam redes e bordavam lençóis.

a. Compare suas tarefas e as de seus familiares com as atividades apresentadas na tabela e circule-as de acordo com a legenda a seguir.

■ Atividades realizadas em sua casa.
■ Itens comprados em lojas ou mercados.
■ Itens que você e sua família não utilizam.

b. Em sua opinião, faltavam muitas coisas para a sobrevivência dos moradores do engenho? Eles precisavam fazer compras com frequência? Converse com os colegas e o professor.

c. De que maneira você e sua família costumam adquirir as coisas de que necessitam para sobreviver? Conte aos colegas.

3 Forme grupo com mais três colegas para realizar uma atividade de entrevista. Vocês deverão entrevistar dois trabalhadores, utilizando a ficha abaixo como roteiro.

NOMES DOS ENTREVISTADOS

1. QUAL É SEU HORÁRIO DE TRABALHO?

2. EM QUE DIAS DA SEMANA VOCÊ FICA DE FOLGA?

3. QUAL É A DURAÇÃO DE SUAS FÉRIAS?

4. DO QUE VOCÊ MAIS GOSTA EM SEU TRABALHO?

5. O QUE PODERIA MELHORAR EM SEU TRABALHO?

- Atenção: agendem a entrevista com os trabalhadores antecipadamente e combinem quais integrantes do grupo serão responsáveis por ler as perguntas e quais vão anotar as respostas.

4 Levando em consideração o que você estudou sobre o trabalho livre e o trabalho escravo, converse com os colegas e o professor a respeito das questões a seguir.

a. É possível identificar semelhanças e diferenças entre o trabalho escravo e o trabalho livre? Em caso afirmativo, quais?

b. Qual é sua opinião sobre os direitos dos trabalhadores? O que você melhoraria?

CAPÍTULO 3 — Resistindo à escravidão

Os africanos que foram trazidos para o Brasil na situação de escravizados nunca deixaram de lutar por sua liberdade. Muitas vezes, desde o embarque, os africanos resistiam a entrar nos navios negreiros. E, na travessia do Atlântico, organizavam revoltas nos navios. Havia casos em que alguns se atiravam ao mar, preferindo a morte à escravidão.

No Brasil, os africanos continuaram resistindo e lutando contra a escravidão.

1 Observe o quadro reproduzido abaixo e responda às questões.

Pintura *Roda de samba*, de Mara D. Toledo, feita em 2005.

a. Quem são as pessoas e qual é a dança representada?

_____
_____

b. Essa dança existe atualmente? Em sua opinião, qual é a relação dela com a resistência à escravidão? Conte à turma.

2 Procure no dicionário o significado da palavra **resistência**. Depois, escreva uma frase com essa palavra.

_____
_____

Formas de resistência

Quando chegavam ao Brasil, os africanos de um mesmo povo, de uma mesma aldeia e até de uma mesma família geralmente eram separados uns dos outros. Isso era feito para evitar que se unissem e organizassem revoltas.

Mas, nos locais onde passavam a viver, eles estabeleciam novas relações, novos vínculos. Casavam-se, formavam famílias, faziam amigos. Desse modo, construíam uma nova identidade e tentavam preservar as tradições e a cultura de seus povos de origem, resistindo à escravidão.

As fugas eram uma das formas mais comuns de protesto. Sozinhos ou em grupos, homens e mulheres se escondiam nas matas. Muitas vezes organizavam **quilombos**.

Revoltas, fugas e quilombos eram formas de resistência. Mas os africanos também resistiam fazendo suas festas, celebrando seus deuses, mantendo suas tradições.

Quilombo: comunidade originalmente formada por ex-escravizados africanos e seus descendentes que, por meio das fugas, escapavam da situação de escravidão.

Tocador de berimbau, pintura de Jean-Baptiste Debret feita em 1826. Esse instrumento foi trazido da África pelas pessoas escravizadas.

1 Observe a imagem desta página e responda às questões.

a. O berimbau é usado em uma arte marcial, que também é um esporte, comum no Brasil atual. Que arte é essa?

b. Essa arte foi criada no Brasil pelos descendentes de africanos na época da escravidão. É possível relacionar sua criação à resistência dos africanos à escravidão? Por quê? Converse com os colegas e o professor.

▪ A Revolta dos Malês

Os africanos escravizados organizaram diversas rebeliões, mas a maioria nem chegou a acontecer. Uma das maiores foi a Revolta dos **Malês**, que ocorreu em 1835, em Salvador.

Os revoltosos lutaram por sua liberdade e pelo direito de conservar as tradições culturais e religiosas de seus povos. A rebelião foi reprimida pelo governo da Bahia. Cerca de setenta escravos morreram nos confrontos e mais de quinhentos foram presos ou castigados.

Notícias sobre a rebelião se espalharam pelo Brasil. Isso fez com que as autoridades endurecessem ainda mais a vigilância sobre os escravizados.

> **Malê:** no Brasil, foram chamados malês os africanos escravizados que seguiam o islamismo. O islamismo é uma religião que se baseia nos ensinamentos de Maomé.

Gravura representando homens muçulmanos do Senegal, na África, em 1780. Os malês acreditavam que o uso de amuletos garantiria proteção a eles.

Fonte: Africa: Containing a Description of the Manners and Customs, with Some Historical Particulars of the Moors of the Zahara, and of the Negro Nations Between the Rivers Senegal and Gambia. Londres, Inglaterra: 1821; Universidade de Oxford. p. 63.

2 Leia o texto e responda às questões.

> Cientes de que constituíam minoria na comunidade africana, os malês não hesitaram em convidar escravos não muçulmanos para o levante. E outro elemento de mobilização entraria em ação: a identidade nagô. Em 1835, quase 80% dos réus escravos eram **nagôs**.

> **Nagô:** povo falante do idioma africano iorubá, que hoje vive no sudoeste da Nigéria e no sudeste do Benim.

João José Reis. O sonho da Bahia muçulmana. *Revista de História da Biblioteca Nacional*, 1º mar. 2012. Disponível em: <http://linkte.me/cs596>. Acesso em: 13 abr. 2016.

a. A qual levante o texto faz referência?

_____

b. Apenas os malês participaram desse levante? Explique.

_____
_____

c. A identidade de um povo, como o malê e o nagô, está relacionada a vários aspectos, como a língua que fala, o lugar onde vive e o passado em comum. Com base nisso, anote no caderno algumas características da identidade de sua comunidade. Depois, converse sobre isso com os colegas e o professor.

Registros

Carta sobre Luiza Mahin

Luiza Mahin teria sido uma das principais lideranças da Revolta dos Malês e de outras revoltas organizadas por escravizados na Bahia. Mahin é reverenciada como símbolo da resistência africana e figura como heroína negra da época da escravidão.

O único registro que existe sobre ela foi escrito por seu filho, o poeta Luiz Gama. Abolicionista, Luiz Gama fala sobre a mãe em uma carta escrita em 1880 endereçada a seu amigo Lúcio de Mendonça. Leia, a seguir, um trecho que fala sobre Mahin.

[...] Sou filho natural de uma negra, africana livre, da Costa da Mina (Nagô de Nação) de nome Luiza Mahin [...]. Minha mãe era baixa de estatura, magra, bonita, a cor era de um preto **retinto** e sem lustro, tinha os dentes alvíssimos como a neve, era muito altiva, geniosa, insofrida e vingativa.

Dava-se ao comércio — era quitandeira, muito **laboriosa**, e mais de uma vez, na Bahia, foi presa como suspeita de envolver-se em planos de insurreições de escravos [...]. Procurei-a em 1847, em 1856, em 1861, na Corte, sem que a pudesse encontrar. Em 1862, soube, por uns pretos-minas, que conheciam-na e que deram-me sinais certos que ela, acompanhada de **malungos** desordeiros [...] em 1838, fora posta em prisão; e que tanto ela quanto seus companheiros desapareceram. [...]

Retinto: muito escuro.
Laboriosa: trabalhadeira.
Malungo: companheiro.

Reprodução de uma das páginas da carta de Luiz Gama a Lúcio Mendonça, escrita em 25 de julho de 1880.

Carta de Luiz Gama a Lúcio de Mendonça, 1880. Citada por: Aline N. S. Gonçalves. *Luiza Mahin*: uma rainha africana no Brasil. Rio de Janeiro: Ceap, 2011. p. 14-15.

1 De acordo com Luiz Gama, como era Luiza Mahin? E que tipo de trabalho ela costumava realizar no Brasil?

2 Em sua opinião, por que Luiza Mahin é considerada um símbolo para a resistência negra?

Quilombo de Palmares

Durante os séculos de escravidão, existiram quilombos em praticamente todo o Brasil. Alguns eram simples agrupamentos; outros, verdadeiras cidades. O quilombo de Palmares foi a maior comunidade de escravos fugidos que existiu no Brasil. Com o tempo, indígenas, brancos pobres e outras pessoas excluídas da sociedade também se integraram ao quilombo.

Palmares começou a ser organizado, no final do século XVI, por escravos que haviam fugido de um grande engenho de Pernambuco. Localizado na serra da Barriga, no atual estado de Alagoas, era cercado por montanhas, que se estendiam por toda a região.

Torre de vigilância do quilombo de Palmares, representada em um desenho de George Markgraf, de 1665.

A vida em Palmares

Os quilombolas cultivavam diversos produtos, como feijão, milho, mandioca e batata. Das matas colhiam laranja, manga, jenipapo e abacaxi.

Criavam porcos e galinhas e também caçavam animais, como jaguatiricas (gatos-do-mato), antas, guarás, coelhos, preás, quatis, tatus e tamanduás-mirins.

Faziam objetos de palha e desenvolviam atividades metalúrgicas para a fabricação de ferramentas e armas. Também realizavam comércio com os habitantes das vilas e dos povoados próximos.

Em 1640, Palmares chegou a reunir cerca de 6 mil habitantes, distribuídos entre os 11 **mocambos** que formavam o quilombo.

Mocambo: povoação com casas cobertas de folhas de palmeira.

1 Relacione as colunas, formando frases sobre o quilombo de Palmares.

No quilombo de Palmares	trabalhavam para a própria sobrevivência.
Os quilombolas	os quilombolas conseguiam se abastecer de armas, munições e sal.
Pelo comércio	viviam em liberdade.
Os negros	havia negros, indígenas e brancos pobres.

▪ A destruição de Palmares

Para os donos dos engenhos de Pernambuco, o crescimento do quilombo de Palmares representava um grande perigo. Por isso, Palmares passou a ser atacado a mando desses proprietários de escravos e do governo de Pernambuco.

O principal líder, Ganga Zumba, morreu envenenado em 1680. A partir daí, seu sobrinho Zumbi passou a liderar Palmares.

A resistência desse quilombo continuou por quinze anos. Em 1695, o bandeirante Domingos Jorge Velho, com milhares de homens e alguns canhões, derrotou os quilombolas. Zumbi foi capturado e executado em 20 de novembro desse ano. A data de sua morte é hoje um marco simbólico da luta contra o racismo. É o Dia Nacional da Consciência Negra.

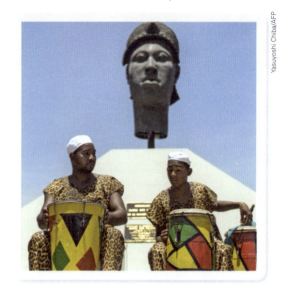

Músicos se apresentam diante do monumento que homenageia Zumbi dos Palmares, no município do Rio de Janeiro. Foto de 2013.

➕ SAIBA MAIS

Quilombola era o nome dado à pessoa que vivia nos quilombos. Hoje os locais que abrigaram quilombos no passado e que são habitados por descendentes de seus antigos moradores são chamados de **remanescentes de quilombos** ou **comunidades quilombolas**. Nesses locais, é comum as pessoas conservarem as tradições e os costumes de seus antepassados africanos.

2 Leia o seguinte artigo da Constituição e responda às questões.

> Aos remanescentes das comunidades dos quilombos que estejam ocupando suas terras é reconhecida a propriedade definitiva, devendo o Estado emitir-lhes os títulos respectivos.

Artigo n. 68 do Ato das Disposições Constitucionais Transitórias. Constituição da República Federativa do Brasil, 1988. São Paulo: Saraiva, 2007. p. 190.

a. O que a lei garante aos remanescentes de quilombos?

_____

_____

b. Com a orientação do professor, faça uma pesquisa na internet para saber se esse direito está sendo cumprido. Converse com os colegas sobre os resultados da pesquisa.

Agora já sei!

1 Leia o anúncio publicado em um jornal de 1860.

a. Quem está sendo procurado?
_____
_____

b. Como ele é descrito?
_____
_____
_____
_____

c. Por que essa pessoa está sendo procurada?
_____
_____

d. Em sua opinião, por que esse anúncio era publicado em jornal?

Anúncio de fuga de escravo publicado em jornal brasileiro do século XIX.

2 Os africanos resistiram de diversas maneiras à escravidão. Uma delas foi preservando suas tradições e manifestações culturais e religiosas. Observe a pintura.

- Identifique os elementos que têm origem na cultura africana.
_____
_____
_____
_____
_____
_____
_____

Preparando acarajé, pintura de Ignácio da Nega, feita em 2005.

3 Observe o mapa.

Brasil: Áreas de remanescentes de quilombos — 2015

a. Qual estado possui o maior número de áreas de remanescentes de quilombos?

_____

b. Por que há tantas áreas de remanescentes de quilombos nesse estado?

_____
_____
_____
_____
_____

Fonte de pesquisa: Fundação Cultural Palmares. Disponível em: <http://linkte.me/rgy7v>. Acesso em: 13 abr. 2016.

c. E quais estados não possuem áreas de remanescentes de quilombos?

_____
_____
_____

d. Você acha importante que essas áreas sejam preservadas? Por quê? Escreva um pequeno texto sobre o assunto expondo sua opinião. Depois, leia-o para a turma e ouça a leitura dos textos elaborados pelos colegas.

_____
_____
_____
_____
_____

Vamos fazer!

Jogo de tabuleiro

Você gosta de jogos de tabuleiro? Já ouviu falar no **mancala**?

Mancala é, na verdade, o nome genérico de vários jogos que surgiram na África há muito tempo. Eles já existiam na época em que os africanos foram escravizados e trazidos para o Brasil.

O *yote* é um tipo de mancala. Ele é formado por um tabuleiro e sementes ou pedrinhas. De acordo com o movimento feito no tabuleiro, as sementes têm o sentido de **semear** ou **colher**. Quando coloca sementes no tabuleiro, o jogador está semeando. E, quando tira sementes, o jogador faz a colheita.

Homens jogam uril, um tipo de mancala, em Boa Vista, no país africano de Cabo Verde. Foto de 2013.

O jogo vem de uma época muito antiga, em que os africanos viviam apenas da agricultura e do pastoreio. Daí a ideia de semear e colher.

O *yote* é um jogo que surgiu na África Ocidental e pode ter nomes diferentes, conforme a região do continente. Atualmente é um dos jogos mais populares do Senegal.

Você pode fazer o *yote* com sucata!

Do que você vai precisar

- 3 embalagens de ovos
- 12 sementes, como as de girassol (ou pedrinhas)
- tinta
- 12 grãos de feijão ou milho (ou pedrinhas)
- cola, fita adesiva, tesoura com pontas arredondadas

Como fazer

1. Retire a tampa das embalagens de ovos.

2. Com a ajuda do professor, recorte uma das embalagens de ovos ao meio, no sentido do comprimento, para ficar com 6 casas.

3. Cole as duas embalagens e a metade da outra, todas juntas, de modo que você tenha um tabuleiro de trinta casas, ou seja, 5 fileiras de 6 casas.

4. Pinte o tabuleiro para enfeitá-lo.

5. Pronto! Agora convide um colega para jogar.

Instruções

- Número de jogadores: dois.

- Objetivo: "colher" as sementes do adversário.

- Regras:

  Cada jogador fica com 12 sementes. A partida começa com o tabuleiro vazio. Tira-se par ou ímpar para ver quem vai começar.
  Em cada rodada, o jogador pode colocar uma semente em uma casa livre ou deslocar uma semente, horizontal ou verticalmente.
  Para colher uma semente do adversário, é preciso saltar sobre ela, também na horizontal ou na vertical.
  A cada semente colhida, o jogador pode retirar mais uma do tabuleiro, tomando duas do adversário.

- Vencedor: o jogador que colher todas as sementes do adversário.

O que aprendi?

1 Observe a imagem e responda às questões.

Ofício de negros. Aquarela de autor desconhecido, feita por volta de 1829.

a. Que atividades as pessoas estão realizando na cena retratada?

_____

b. O local retratado parece ficar no campo ou na cidade?

_____

_____

2 Leia o trecho de uma lei publicada em Angola no ano de 1609.

> Serão obrigados os ditos navios e embarcações a levar mantimentos necessários para darem de comer aos ditos negros três vezes ao dia e fazer e levar a água que abunde para lhes darem de beber [...]. Adoecendo alguns, se tratará deles com toda a caridade e amor ao próximo e serão levados e separados para aquela parte onde se possam aplicar remédios necessários.

Alvará e Regimento da Ordem com que se hão de embarcar os negros cativos de Angola para o Estado do Brasil. 1609. Em: George Ermakoff. *O negro na fotografia brasileira do século XIX*. Rio de Janeiro: George Ermakoff, 2004. p. 30.

a. No texto, o que significa "ditos navios"? E "ditos negros"?

_____

_____

b. Segundo essa lei, como os escravos deveriam ser tratados?

_____

_____

c. Essa lei era obedecida? Explique sua resposta aos colegas e ao professor.

3 Nesta unidade, você estudou diversos aspectos da vida dos africanos que vieram para o Brasil: desde seu modo de vida na África até a resistência à escravidão. Vá para a página 149, recorte as situações retratadas e cole-as nos espaços abaixo de acordo com a legenda.

Africanos em liberdade na África.

Transporte nos navios negreiros.

Trabalho escravo no Brasil Colonial.

A resistência à escravidão.

http://linkte.me/i6mzc
Faça um passeio virtual pelo Parque Memorial Quilombo dos Palmares, criado em 2007, no território original daquele que foi o mais importante quilombo do Brasil. Acesso em: 13 abr. 2016.

UNIDADE 3
O trabalho livre na colônia

Na sociedade colonial, além dos trabalhadores escravizados, havia trabalhadores livres, tanto no campo quanto nas vilas e cidades. Quem eram esses trabalhadores não escravizados? O que faziam? Vamos ver?

- Marque, na cena ao lado, quem são os trabalhadores. Que tipo de trabalho eles estão realizando?

CONTEÚDO NA VERSÃO DIGITAL

- Em geral, os trabalhadores escravizados não recebiam nenhum tipo de pagamento nem tinham direitos reconhecidos. Será que os trabalhadores livres recebiam pagamento? O que recebiam?

- Hoje os trabalhadores têm direitos garantidos por lei.

  Saber Ser

  a. Você conhece algum desses direitos? Qual?

  b. Será que esses direitos valiam para os trabalhadores livres da época colonial?

  c. Em sua opinião, é importante existirem leis que garantam direitos aos trabalhadores? Por quê?

Ilustração representando trabalhadores urbanos em cidade brasileira do passado.

CAPÍTULO 1 — Homens e mulheres livres do engenho

Leia a tira do personagem Chico Bento, de Mauricio de Sousa. Em seguida, leia um trecho do texto de Antonio Candido.

> [...] a cultura do caipira [...] representa a adaptação do colonizador ao Brasil e portanto veio na maior parte de fora, sendo sob diversos aspectos sobrevivência do modo de ser, pensar e agir do português antigo.
>
> [...]
>
> [...] é preciso pensar no caipira como um homem que manteve a herança portuguesa nas suas formas antigas. Mas é preciso também pensar na transformação que ela sofreu aqui, fazendo do velho homem rural brasileiro o que ele é [...] fruto de uma adaptação da herança portuguesa, fortemente misturada com a indígena, às condições físicas e sociais do Novo Mundo.

Antonio Candido. *Recortes*. Rio de Janeiro: Ouro sobre Azul, 2004. p. 269-270.

1 Procure no dicionário o significado das palavras que você não conhece.

2 Converse com os colegas sobre as questões a seguir.

   a. Como é o falar de Chico Bento? O que isso indica?

   b. Além do falar, o que mais caracteriza a cultura caipira?

3 A palavra **caipira** é de origem tupi e quer dizer "cortador de mato", que era como os indígenas chamavam os homens livres do campo. Converse com os colegas e o professor. Em sua opinião:

   a. A palavra **caipira** ainda tem esse significado?

   b. Quais atividades são realizadas atualmente no campo?

Trabalhadores livres nos engenhos

Nos engenhos, havia um pequeno número de trabalhadores livres. Eram indígenas, escravos alforriados ou portugueses e seus descendentes.

Em geral, eles desempenhavam funções que exigiam especialização ou a confiança do senhor de engenho, como era o caso dos feitores. Entre os trabalhadores especializados estavam os mestres de açúcar e os artesãos.

Havia também um capelão, ou seja, um padre que cuidava dos assuntos religiosos, como missas, casamentos e batismos.

1 Leia o texto e converse com os colegas sobre a questão proposta.

Os índios livres eram empregados em tarefas específicas nos engenhos. [...] Foram encarregados de limpar e consertar o sistema hidráulico, trabalhar nos barcos, pescar, caçar e cortar lenha. [...] O acesso aos índios das aldeias permitia aos senhores de engenho concentrar seus escravos nas tarefas fundamentais do fabrico do açúcar [...].

Stuart B. Schwartz. *Segredos internos*: engenhos e escravos na sociedade colonial. São Paulo: Companhia das Letras, 2005. p. 59.

- Em sua opinião, por que os indígenas livres eram, em geral, utilizados em tarefas auxiliares no engenho e não na própria produção de açúcar?

2 Preencha o quadro sobre a mão de obra utilizada nos engenhos.

	Mão de obra livre	Mão de obra escrava
Quantidade de trabalhadores		
O que faziam		

■ O que faziam

O **feitor** era encarregado de vigiar o trabalho das pessoas escravizadas. Ele forçava os escravizados a trabalhar o máximo possível. Em geral, era o feitor que, sob as ordens do senhor de engenho, aplicava os castigos.

O **mestre de açúcar** era responsável pela produção e pela qualidade do açúcar. Ele controlava todo o trabalho de fabricação desse produto.

Vários **artesãos** trabalhavam no engenho. Ferreiros, carpinteiros e pedreiros faziam a manutenção das construções e dos equipamentos. Os marceneiros faziam os móveis, e os oleiros fabricavam tijolos e telhas. Havia alfaiates para fazer as roupas e sapateiros para confeccionar os sapatos e os arreios.

O feitor e o mestre de açúcar recebiam um salário anual. Os artesãos, em geral, eram pagos por dia ou por tarefa concluída.

3 Observe estas fotos e identifique cada objeto retratado e o tipo de trabalhador livre que o produziu.

A

Peça do século XVIII.

B

Peça do século XIX.

4 As atividades descritas abaixo eram feitas por qual trabalhador livre do engenho?

| Visitar as matas | Mandar limpar os pastos | Mandar consertar as casas |
| Vigiar os escravos | Mandar cercar os canaviais | Dar comida aos escravos |

Fonte de pesquisa: João Fernandes Vieira, 1663. *Fontes para a história do Brasil holandês.* Recife: MEC/SPHAN/Fundação Nacional Pró-Memória, 1981. p. 255-262.

Mascates

Os mascates eram comerciantes que saíam das vilas e cidades do litoral para vender aos moradores dos engenhos diversos produtos, como tecidos, calçados e ferramentas. Muitos desses produtos eram trazidos da Europa.

5 Há mais de quatrocentos anos, são os mascates que garantem os bens de consumo à população ribeirinha dos rios Pará e Amazonas. Observe a foto ao lado e leia a legenda.

Em barcos chamados regatões, os mascates vão de comunidade em comunidade vendendo seus produtos, principalmente industrializados. Ferreira Gomes, AP, 2012.

- Agora, leia o texto escrito no século XIX.

[...] Os mascates vêm de povoação em povoação, de fazenda em fazenda, trocando suas mercadorias por gado de todo tipo, queijos e couros de bois [...] Os mascates raramente recebem dinheiro em troca de suas vendas. Aceitam o que lhes oferecem, alugam homens para ajudá-los a conduzir o gado ou o produto das barganhas até o mercado, onde é permutado por mercadorias e regressam com elas ao interior. Um ano às vezes se passa numa dessas jornadas, mas os proventos são enormes [...].

Henry Koster. *Viagens ao nordeste do Brasil*. São Paulo: Companhia Editora Nacional, 1942. p. 214-215.

a. Os mascates da época colonial atendiam a quem?

---

b. E os mascates dos regatões, atendem a qual população?

---

c. Há semelhanças entre a atividade realizada por eles nessas duas épocas? Quais?

Família patriarcal

Entre as pessoas livres da sociedade açucareira, o senhor de engenho e sua família ocupavam a posição de maior destaque na vida política. O poder do senhor de engenho influenciava também a vida dos que moravam nos arredores do engenho e nas vilas.

Além da esposa, dos filhos e de familiares próximos, viviam na casa do senhor ou na vizinhança muitos **agregados**: parentes solteiros e pobres, ex-escravos, afilhados, amigos. O senhor de engenho controlava a vida das pessoas que moravam em sua propriedade. Todos dependiam economicamente do senhor e deviam obediência a ele.

Assim se caracterizava a **família patriarcal** no período colonial: todo o poder era do pai, do patriarca.

▪ A esposa e os filhos

A esposa do senhor de engenho, geralmente, passava o dia em casa fiscalizando os trabalhos dos escravos domésticos. Ela só podia sair do engenho acompanhada e para participar de cerimônias religiosas e festividades nas vilas.

A educação das crianças era de responsabilidade da mãe. O filho mais velho, em geral, aprendia a cuidar do engenho, assim como o pai. As meninas deviam aprender tarefas domésticas para se tornarem boas esposas. Todos tinham aulas em casa com um professor particular. Não costumava haver muito diálogo entre pais e filhos, e eles se tratavam com cerimônia e formalidade.

Muitas vezes, os filhos dos senhores brincavam com os filhos dos escravos. Eles subiam em árvores, empinavam **papagaio**, nadavam no rio. Mas, muitas vezes, as crianças negras escravizadas eram maltratadas pelas brancas.

> **Papagaio:** brinquedo também conhecido como pipa, arraia, quadrado, cafifa e pandorga, dependendo da região.

1 Converse com os colegas e o professor sobre as questões a seguir.

  a. O que é uma família patriarcal?

  b. Ainda existe esse tipo de família hoje? Há famílias diferentes? Como elas são?

A vida doméstica

Será que os costumes das famílias eram parecidos com os de hoje?

O texto a seguir menciona alguns costumes que existiam na colônia entre os séculos XVI e XVIII.

> [...] o visitante chegava a qualquer hora, e não se sentia invasor da privacidade dos indivíduos. Afinal, as visitas e reuniões consistiam nos poucos momentos de sociabilidade doméstica. No interior das casas os aposentos eram pouco definidos e as funções se sobrepunham. Não se encontra menção, por exemplo, a um espaço específico para as crianças, ou a certos cuidados especiais com elas no rol dos costumes domésticos [...], nem mesmo com a sua alimentação. O mobiliário e os utensílios restringiam-se ao indispensável para o abrigo, repouso, alimentação e também para o trabalho.

Laura de Mello e Souza (Org.). *História da vida privada no Brasil*. São Paulo: Companhia das Letras, 2002. v. 1. p. 81.

2 Em sua opinião, a família brasileira atual ainda é patriarcal? O que se manteve? E o que mudou? Converse com os colegas.

3 Observe as imagens e responda às questões.

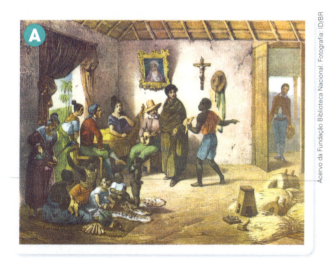

Na gravura *Família de fazendeiros*, de Johann Moritz Rugendas, cerca de 1834, vê-se um africano escravizado anunciando a chegada de um visitante.

Família vê televisão em momento de lazer, em São Caetano do Sul, SP. Foto de 2013.

a. Quanto tempo decorreu entre a imagem **A** e a imagem **B**?

b. Em sua opinião, o que mudou no ambiente doméstico nesse período? Há muitas diferenças?

4 Leia o texto e faça as atividades propostas.

> Segundo a lei brasileira, o pai e a mãe exercem juntos a autoridade sobre os filhos. Os pais têm o dever de educar os filhos. É por isso que eles estão no comando da família. A autoridade dos pais deve ser usada para proteger os filhos.

Laura Jaffé e Laure Saint-Marc. *Convivendo com a família*. São Paulo: Ática, 2004. p. 47.

a. Pesquise o significado das palavras **autoridade** e **dever** e releia o texto.

b. De acordo com o texto, nos anos 2000, a quem cabe a responsabilidade de educar os filhos?

_____

c. Quais são as diferenças entre o modo de educar da família dos anos 2000 e o modo da família do senhor de engenho?

_____
_____
_____

⊕ SAIBA MAIS

Você estudou que o açúcar produzido nos engenhos era exportado para a Europa. Quem refinava o açúcar e fazia sua distribuição nos países europeus eram os holandeses.

Mas eles pretendiam controlar também a produção açucareira. E em 1630 ocuparam Olinda e Recife, centros da principal área produtora de açúcar da colônia.

Para administrar a área dominada, o governo holandês enviou João Maurício de Nassau, que chegou a Recife em 1637.

Nassau fez empréstimos aos senhores de engenho, reduziu impostos e garantiu o abastecimento de africanos escravizados. Essas medidas possibilitaram a expansão da atividade açucareira, garantindo mais poder e prestígio aos senhores de engenho da região.

Os holandeses permaneceram em terras brasileiras até 1654, quando foram expulsos.

Brasil: Invasões holandesas — 1624 a 1654

Fonte de pesquisa: José Jobson de A. Arruda. *Atlas histórico básico*. São Paulo: Ática, 2011. p. 37.

Registros

Desenhos, gravuras e pinturas

Com Maurício de Nassau, vieram ao Brasil 46 pessoas, entre artistas e cientistas, para estudar e retratar a natureza, a sociedade e os costumes locais.

Desse trabalho resultou o livro *História dos feitos praticados durante oito anos no Brasil*, de Gaspar Barleus, publicado em 1647, com gravuras feitas por artistas da comitiva. Essa publicação é um registro do período em que Nassau governou a região sob domínio holandês.

O pintor Albert Eckhout foi um dos artistas que vieram com a comitiva, e aqui permaneceu até 1644. Ele retratou as pessoas que viviam na colônia, além de frutas, flores e animais.

Composição com frutos, pintura de Albert Eckhout, século XVII.

Índia tupi, pintura de Albert Eckhout, de 1641.

■ Observe as imagens e responda às questões.

a. Você conhece os frutos representados? Escreva o nome deles.

_____

b. Por que os europeus retratavam flores, frutos e animais?

_____
_____

c. O que há na pintura **B** que não é da cultura indígena?

_____

Agora já sei!

1 As frases a seguir estão relacionadas ao trabalho de homens livres no engenho. Leia todas elas, descubra o nome da profissão e preencha a cruzadinha com as respostas.

1. Pessoa que vigiava o trabalho dos africanos escravizados.

2. Pessoa que fabricava objetos e peças artísticas à mão.

3. Artesão que fazia as roupas.

4. Pessoa que coordenava toda a produção de açúcar.

5. Pessoa que trabalhava com madeira nas construções.

6. Ele fazia telhas, potes e pratos de cerâmica. Quem era?

7. Rezava as missas e fazia os batizados no engenho.

8. Quem construía as casas?

4. M E S T R E   D E   A Ç Ú C A R

84

2 O texto a seguir foi escrito por um jesuíta chamado André João Antonil e publicado em 1711.

[...] O ser senhor de engenho é título a que muitos aspiram, porque traz consigo o ser servido, obedecido e respeitado de muitos. E se for, qual deve ser, homem de cabedal e governo, bem se pode estimar no Brasil o ser senhor de engenho, quanto proporcionalmente se estimam os títulos entre os fidalgos do Reino. Porque engenhos há na Bahia que dão ao senhor quatro mil pães de açúcar [...].

Servem ao senhor do engenho, em vários ofícios, além dos escravos de enxada e fouce que têm nas fazendas e na moenda, e fora os mulatos e mulatas, negros e negras de casa, ou ocupados em outras partes, barqueiros, canoeiros, calafates, carapinas, carreiros, oleiros, vaqueiros, pastores e pescadores. Tem mais, cada senhor destes, necessariamente, um mestre de açúcar, um banqueiro e um contrabanqueiro, um purgador, um caixeiro no engenho e outro na cidade, feitores nos partidos e roças, um feitor-mor do engenho, e para o espiritual um sacerdote seu capelão, e cada qual destes oficiais tem soldada.

Detalhe da pintura *Vista de Itamaracá*, feita por Frans Post, em 1637.

André João Antonil. *Cultura e opulência do Brasil*, 1711. Disponível em: <http://linkte.me/ns1jo>. Acesso em: 19 abr. 2016.

a. Sublinhe no texto as palavras que você não conhece e procure o significado delas no dicionário.

b. Segundo Antonil, por que muitos gostariam de ser senhor de engenho?

c. Qual é a origem do poder do senhor de engenho?

d. Qual dos homens retratados na pintura de Frans Post pode ser identificado como senhor de engenho? Explique.

CAPÍTULO 2 — Outros trabalhadores livres no campo

Você já assistiu a algum desfile? Os mais conhecidos são os das comemorações cívicas e do Carnaval. Mas em algumas cidades do Brasil existe um desfile muito especial: o desfile de carro de boi. Em Santo Antônio do Monte, Minas Gerais, ele acontece anualmente.

Leia o texto e veja a imagem.

Acontece no dia do padroeiro da cidade – Santo Antônio –, no dia 13 de junho, e reúne turistas e **carreiros** de cidades diversas [...]. Depois do desfile pelas ruas da cidade, são realizadas as premiações e a entrega de certificados e troféus aos participantes.

Carreiro: condutor dos carros de boi. Ele caminhava ao lado dos bois.

Carro de boi em detalhe de pintura de Frans Post, século XVII.

Prefeitura Municipal de Santo Antônio do Monte. Disponível em: <http://linkte.me/m7646>. Acesso em: 19 abr. 2016.

O carro de boi praticamente desapareceu. Mas já houve tempo em que era comum ouvir o som da roda de madeira estalando, gemendo, cantando. Usando a força dos bovinos, os carros serviam para transportar cargas, como cana-de-açúcar, nos engenhos.

1 O carro de boi ainda é utilizado no transporte de produtos agrícolas e pessoas, principalmente em áreas rurais. Você já viu um carro de boi? Caso já tenha visto, onde foi e o que transportava?

2 O carreiro era um trabalhador livre. Havia outras pessoas livres trabalhando no campo no período colonial? Quem eram?

O trabalho nas fazendas de gado

Você sabia que quando os portugueses aqui chegaram não havia bois nem vacas? Foram eles que trouxeram esses animais para o Brasil, com o objetivo de utilizá-los nos engenhos.

Inicialmente, o gado foi criado nos próprios engenhos, no litoral. Os bovinos eram utilizados para mover as moendas, transportar a cana, puxar o arado. Além disso, a carne e o leite eram consumidos na alimentação. Com o couro eram confeccionados arreios, roupas, calçados, chapéus, móveis e muitos outros objetos.

Bovinos utilizados no transporte de cana e na movimentação das moendas, representados em um desenho de Frans Post, feito em 1640.

Com a expansão dos negócios do açúcar, a necessidade de terras para as lavouras de cana era cada vez maior. Como o solo bom para o cultivo se localizava no litoral, a criação de gado foi deslocada para o interior. Iniciou-se, assim, a ocupação do **sertão**.

Sertão: região pouco povoada do interior e afastada dos centros urbanos.

O gado era criado solto e se alimentava de pastagens naturais. Por isso, essa atividade exigia poucos trabalhadores: o vaqueiro e alguns auxiliares. Entre eles predominavam os trabalhadores livres, mas havia também indígenas e africanos submetidos à escravidão.

1 Qual foi a importância do gado para a vida no engenho?

Os caminhos do gado na colônia

Foi a partir das áreas canavieiras da Bahia e de Pernambuco que a pecuária se estendeu para o sertão. Na Bahia, a criação de gado acompanhou o curso do rio São Francisco.

Os **currais** se localizavam às margens do rio, que ficou conhecido como "rio dos currais". Em Pernambuco, do litoral para o interior, o gado seguiu em direção ao rio Paraíba, e os currais se estenderam até a região do atual estado do Piauí. Observe o mapa.

Curral: local onde se agrupa e recolhe o gado.

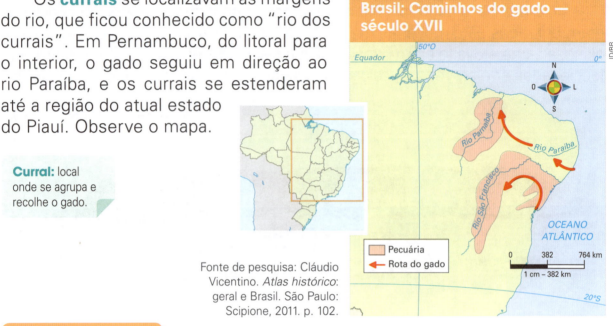

Fonte de pesquisa: Cláudio Vicentino. *Atlas histórico*: geral e Brasil. São Paulo: Scipione, 2011. p. 102.

✚ SAIBA MAIS

No século XVII, a área onde hoje é o estado do Rio Grande do Sul pertencia à Espanha. Ali, jesuítas espanhóis formaram missões com os índios guaranis. Para garantir a alimentação de todos, os padres levaram para a região grandes rebanhos bovinos. Esses rebanhos foram distribuídos em fazendas de criação de gado, conhecidas como **estâncias**.

Quando os jesuítas foram expulsos, no século seguinte, o rebanho ficou no território e, ao longo do tempo, aumentou.

2 A pecuária se expandiu do litoral para o interior, seguindo duas direções. Responda às questões.

a. Por que a expansão da pecuária acompanhou o curso de rios?

_____

_____

b. O que aconteceu com as áreas do interior que foram ocupadas pela pecuária?

_____

_____

Os missionários e os bandeirantes

Entre as pessoas livres da colônia, havia também padres jesuítas e bandeirantes. Os jesuítas instalaram **missões** religiosas e fundaram colégios, catequizando indígenas. Para catequizar os nativos, os jesuítas aprendiam as línguas deles.

Os bandeirantes organizaram expedições que escravizavam indígenas e levaram à descoberta de minas de ouro.

Por meio de suas atividades, tanto jesuítas quanto bandeirantes contribuíram para a expansão do território do Brasil.

Ruínas de missões em São Miguel, RS. Foto de 2012.

 SAIBA MAIS

Você sabia que Portugal e Espanha já dividiram entre eles parte das terras do mundo? Nos séculos XV e XVI, os governos desses reinos foram responsáveis pelas Grandes Navegações. Em 1494, assinaram o Tratado de Tordesilhas, que repartia entre ambos as terras já encontradas ou que viessem a ser descobertas.

De acordo com esse tratado, as terras localizadas a oeste da linha de Tordesilhas pertenceriam à Espanha, e as localizadas a leste pertenceriam a Portugal.

Fonte de pesquisa: José Jobson de A. Arruda. *Atlas histórico básico.* São Paulo: Ática, 2011. p. 40.

1 De que maneira jesuítas e bandeirantes contribuíram para a expansão do território brasileiro? Explique aos colegas.

▪ Os jesuítas e as missões

Desde o início da colonização, no século XVI, a Igreja católica tinha presença na vida cotidiana dos colonos, especialmente pela ação dos padres jesuítas. Em vilas e cidades do litoral, eles criaram colégios para a educação dos filhos dos colonos.

Também se encarregaram de catequizar os indígenas, ou seja, ensinar-lhes a religião católica e os costumes europeus. Para isso, os jesuítas seguiram para o interior do território, onde fundaram grandes povoamentos chamados missões. As principais se situavam na Região Norte, acompanhando o curso do rio Amazonas, e na Região Sul.

Nas missões, os jesuítas procuravam converter os indígenas ao catolicismo e orientavam o trabalho deles no cultivo da terra, na criação de animais e no artesanato. Além disso, os indígenas trabalhavam também na coleta de plantas da floresta. Parte do que os indígenas coletavam e dos produtos que faziam era vendida aos colonos. A rotina dos indígenas começava bem cedo, quando assistiam à missa. Em seguida, trabalhavam na lavoura. E, na escola, tinham aulas para aprender a ler e a escrever e para decorar as orações católicas.

Planta de missão jesuítica em Guaíra, PR, século XVII. Para os indígenas, viver nas missões e se converter ao catolicismo significava abandonar os costumes e as crenças de seu povo e aceitar os ensinamentos e o modo de vida dos padres.

2 Observe a imagem e responda: A organização das construções nas missões jesuítas era semelhante ao modo como as comunidades indígenas organizavam suas moradias? Conte aos colegas.

As drogas do sertão

A floresta Amazônica é rica em ervas e especiarias conhecidas como **drogas do sertão**. Entre elas, castanha-do-pará, cacau, guaraná e muitas ervas medicinais chegaram a ser vendidas para a Europa. No século XVII, enquanto os povos indígenas conheciam mais de três mil plantas que utilizavam como medicamentos, os europeus tinham pouco mais de quarenta tipos de remédios.

Nas missões localizadas na Amazônia, os indígenas coletavam as drogas do sertão para os jesuítas. Eles conheciam a floresta, suas plantas e seus usos como ninguém. E esse conhecimento era essencial para obter as espécies vegetais tão valiosas para os europeus.

3 Conheça algumas drogas do sertão. Recorte e cole as imagens da página 147 nos quadros corretos.

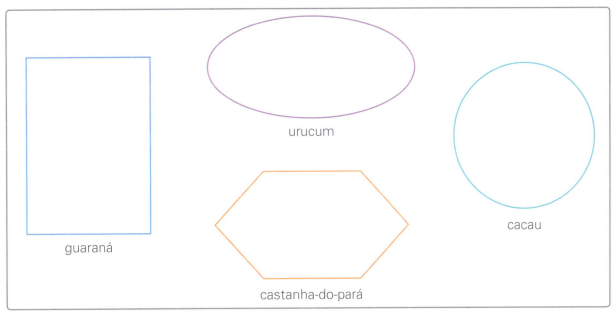

Drogas do sertão.

4 Desde a exploração das drogas do sertão, no período colonial, os recursos naturais do Brasil vêm sendo comercializados. Atualmente, um grande problema é a **biopirataria**. Faça uma pesquisa sobre isso e anote o significado dessa palavra nas linhas a seguir.

_____
_____
_____
_____
_____

Os bandeirantes

Nos séculos XVI e XVII, enquanto se desenvolviam os grandes engenhos na Região Nordeste, em São Paulo os colonos tinham outro modo de vida. Nos arredores da vila, eram cultivadas grandes lavouras, especialmente de **trigo**. A farinha de trigo paulista era vendida para toda a colônia.

Essas grandes lavouras eram cultivadas por indígenas escravizados. Para capturar os indígenas, os paulistas organizaram as **bandeiras**, expedições que entravam pelo interior. Os participantes das bandeiras eram chamados de **bandeirantes**. Além de aprisionarem indígenas, os bandeirantes procuravam ouro e pedras preciosas. Foram eles que encontraram ouro em Minas Gerais.

As expedições duravam de seis meses a três anos e podiam reunir de trinta a dois mil homens. Elas eram formadas, em geral, por um ou dois líderes experientes, por outros homens livres e por muitos indígenas (livres e escravizados).

Os bandeirantes caminhavam pelas florestas, seguindo o curso dos grandes rios, abrindo caminhos a golpes de facão.

5 Que relação existe entre as lavouras de São Paulo e os bandeirantes?

___

Registros

Casas

Em geral, as casas da vila de São Paulo eram de pau a pique, cobertas de sapê. No chão, havia peles de animais e, nas paredes, redes penduradas. Tinham pouca mobília, como mesas e baús de madeira, onde se guardavam as roupas. Na cozinha, usavam-se potes de barro e vasilhas de madeira.

- O que a imagem ao lado nos sugere a respeito das moradias da vila de São Paulo?

Casa do bandeirante Antônio Raposo Tavares em pintura do século XIX, feita por João Batista da Costa.

Aprisionando indígenas

No início, os bandeirantes atacavam as aldeias indígenas próximas da vila. Em razão das lutas contra a escravização, do trabalho penoso nas plantações e das doenças, logo restaram poucos indígenas nos arredores de São Paulo, e as bandeiras entraram cada vez mais para o interior.

Os bandeirantes atacavam as missões dos jesuítas, onde havia grande concentração de indígenas. Entre 1628 e 1642, várias missões foram destruídas e dezenas de milhares de indígenas foram escravizados ou mortos. Durante a captura de indígenas, os bandeirantes encontraram pequenas quantidades de ouro, principalmente nos leitos dos rios.

A partir de 1660, o rei de Portugal passou a dar recompensas para quem descobrisse minas de metais preciosos. Os bandeirantes intensificaram as buscas e, no final do século XVII, encontraram ouro na região do atual estado de Minas Gerais.

6 Observe o mapa abaixo e responda às questões.

Fonte de pesquisa: José Jobson de A. Arruda. *Atlas histórico básico*. São Paulo: Ática, 2011. p. 39.

a. De que forma os bandeirantes contribuíram para a ampliação do território da colônia?

b. O mapa indica dois tipos de expedições bandeirantes. Quais?

Agora já sei!

1 Leia o texto a seguir. Ele trata da família paulista na época em que diversas bandeiras saíam da vila de São Paulo. Em seguida, responda às questões.

> Matrimônios de europeus com as que eles denominavam "negras da terra" originaram as mais antigas famílias paulistas, cujo traço fundamental era a miscigenação: seus filhos legítimos eram **mamelucos** e traziam uma intrincada mistura cultural. Se, por um lado, vestiam-se à europeia, falavam português e eram católicos, por outro, entendiam-se dentro de seus lares nas línguas maternas e mantinham muitos hábitos indígenas e formas de lidar com a natureza. Esse foi o perfil, portanto, das mães e filhas de famílias paulistas no período bandeirista.

Mameluco: filho de indígena com branco.

Madalena Marques Dias. As bravas mulheres do bandeirismo paulista. Revista *História Viva*, São Paulo, n. 14, p. 90, dez. 2004.

a. Quem eram as "negras da terra"? _____

b. Havia semelhanças entre a família paulista e a família dos senhores de engenho? E diferenças? Quais? _____

2 Observe o mapa e responda às questões.

a. A pecuária só existia no interior do Brasil?

b. O Tratado de Tordesilhas foi respeitado por bandeirantes e missionários?

c. Observe as setas verdes e a localização das missões. Qual é a relação entre esses dois elementos?

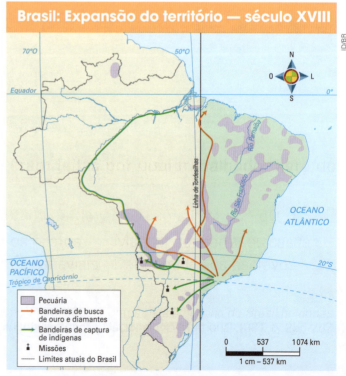

Brasil: Expansão do território — século XVIII

Fonte de pesquisa: Cláudio Vicentino. *Atlas histórico*: geral e Brasil. São Paulo: Scipione, 2011. p. 101.

3 Observe as imagens e leia as legendas.

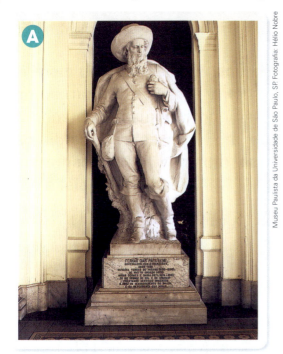

Escultura do bandeirante Fernão Dias Paes Leme, feita por Luigi Brizzolara, cerca de 1920.

Bandeirante, pintura de Henrique Bernardelli, feita na segunda metade do século XIX.

a. Descreva os bandeirantes representados por Luigi Brizzolara e Henrique Bernardelli. Em sua opinião, eles parecem heróis?

_____
_____

b. Converse com os colegas e o professor sobre a seguinte questão: Por que se encomendavam obras que valorizassem os bandeirantes?

c. Como você acha que os indígenas viam os bandeirantes? Imagine que você é um indígena do século XVII e escreva um pequeno texto contando sua opinião sobre os bandeirantes. Depois, leia-o para a turma e ouça a leitura dos textos dos colegas.

_____
_____
_____
_____

CAPÍTULO 3 — Trabalhador livre urbano

Nos últimos anos, o número de pessoas que sofrem com a fome caiu, mas isso ainda afeta muita gente. O preço dos alimentos é um sério problema. A notícia a seguir fala sobre isso.

> Cerca de 842 milhões de pessoas, aproximadamente um em cada oito, sofreram de fome [...] no período 2011-13, não obtendo alimento suficiente para levar vidas ativas e saudáveis de acordo com um relatório lançado pelas agências das Nações Unidas [...].

Nações Unidas: organização internacional cujos objetivos são manter a paz no mundo, contribuir para as boas relações entre os países e promover o progresso social e os direitos humanos.

Fome global diminui, mas milhões ainda estão cronicamente famintos. Organização das Nações Unidas para a Alimentação e Agricultura, 1º out. 2013. Disponível em: <http://linkte.me/vv6tu>. Acesso em: 19 abr. 2016.

No Brasil, no final do século XVII, quando o ouro foi descoberto, muitas pessoas passaram fome na região das minas. Entre os fatores que causaram a fome estava o preço elevado dos alimentos na região, o que durou até por volta de 1720. Veja a tabela abaixo.

Meados do século XVIII		
Mercadoria	Valor em São Paulo (em réis)	Valor nas Minas Gerais (em réis)
1 caixa de marmelada	240	3 600
1 galinha	160	4 000
1 queijo da terra	120	3 600
1 boi de corte	2 000	120 000

Fonte de pesquisa: Affonso Taunay. História geral das bandeiras paulistas. Em: Antonio Mendes Júnior; Luiz Roncari; Ricardo Maranhão. *Brasil História*: texto e consulta. São Paulo: Brasiliense, 1976. v. 1. p. 246.

1 Há relação entre o problema tratado na notícia e o que se passou na região das minas no final do século XVII? Em caso afirmativo, qual?

2 Forme dupla com um colega e tentem resolver o desafio: Pelo preço de uma galinha nas Minas Gerais, era possível comprar quantas galinhas em São Paulo, em meados do século XVIII?

Crescimento da população urbana

Nos séculos XVI e XVII, já existiam diversas vilas e cidades no Brasil, especialmente no litoral. Mas foi no século XVIII, com a atividade mineradora, que ocorreu um rápido aumento da população urbana do Brasil. Atraídos pela descoberta do ouro, moradores de diferentes regiões da colônia, principalmente de São Paulo, partiram para a região das minas.

Muitos portugueses também vieram ao Brasil para explorar o ouro. Milhares de pessoas, entre elas homens, mulheres, jovens, velhos e crianças de diversas localidades, dirigiram-se para a região das minas.

Com isso, formaram-se novas vilas e cidades, e muitas que já existiam, como Rio de Janeiro e São Paulo, cresceram. Um novo estilo de vida caracterizou as vilas e cidades, exigindo novos trabalhadores para os serviços. Assim, com a mineração, surgiu uma sociedade urbana diferente da açucareira, que era predominantemente rural.

Centro histórico de Diamantina, em Minas Gerais, com a catedral de Santo Antônio ao fundo. Foto de 2013. No século XVIII, chamava-se Arraial do Tijuco e era o centro da área de exploração de diamantes.

1 Observe a foto do município de Diamantina.

   a. De quando é a foto? _____

   b. Cerca de duzentos anos atrás, como devia ser essa cidade? Muito diferente do que é hoje? Explique. _____

   c. Atualmente, qual é a principal fonte de rendimentos das cidades históricas como Diamantina? _____

Ofícios urbanos

Nas vilas e cidades, com a riqueza gerada pela mineração, formou-se uma **elite**, isto é, um grupo social rico e poderoso. Eram donos de minas, funcionários públicos, grandes comerciantes, religiosos. Para atender a esse grupo, instalaram-se na região muitos artesãos, como sapateiros, alfaiates e joalheiros. Também havia barbeiros e **boticários** que asseguravam os cuidados de higiene e saúde dos habitantes. Havia ainda donos de pequenas vendas e modestos mascates.

Outros trabalhadores, como ferreiros, pintores, carpinteiros e oleiros, eram necessários na construção de prédios públicos, casas, praças e igrejas, muitas vezes ricamente ornamentadas. Muitos desses trabalhadores eram ex-escravos que tinham sido alforriados por seus proprietários ou que haviam comprado sua liberdade.

Na segunda metade do século XVIII, destacaram-se muitos artistas da região: construtores, entalhadores, pintores e músicos.

> **Boticário:** preparador e vendedor de remédios. Corresponde ao farmacêutico de hoje.

Músicos negros participando de procissão religiosa. Gravura de Ludwig & Briggs, de 1845.

2 Leia este texto.

> [...] Os músicos mineiros, descendentes de africanos em sua imensa maioria, eram bastante admirados. Eram contratados para tocar em festas oficiais e em missas. Seus contratos eram, muitas vezes, anuais. Eram conhecidos por executar com brilho peças de autores clássicos europeus, como Mozart e Haendel, em pleno coração da América do Sul. [...]
>
> Alfredo Boulos Júnior. *A capitania do ouro e sua gente*. São Paulo: FTD, 2000. p. 14.
> (Coleção O Sabor da História).

a. Quem eram os músicos mineiros?

_____

b. Que tipo de música tocavam?

_____

c. Qual era o papel dos músicos na sociedade mineira?

_____

_____

Problemas nas cidades mineradoras

Um dos problemas enfrentados pelos mineradores foi a carência de alimentos, principalmente no início da corrida do ouro. Outro problema era o rígido controle exercido pelo governo português sobre a atividade mineradora e os elevados impostos cobrados.

▄ A fome

A descoberta do ouro atraiu milhares de pessoas para as minas, e grande parte delas, principalmente no início da exploração, ocupava-se da mineração.

Viajantes que se dirigiam para a região das minas desejavam o enriquecimento. Pintura *Entrada para as minas*, de Oscar Pereira da Silva, século XIX.

Isso fez com que, entre 1697 e 1701, houvesse uma grave crise de abastecimento e muitas pessoas passassem fome. A escassez era tanta que, quando chegavam gêneros alimentícios às minas, as pessoas pagavam valores altíssimos para comprá-los.

Foi nas primeiras décadas do século XVIII que se iniciou o cultivo de roças de feijão e milho, assim como a criação de porcos e galinhas em áreas próximas às minas. Além disso, a região começou a ser abastecida por tropeiros que chegavam de outros locais da colônia. Do interior da Bahia, os habitantes das minas recebiam gado e farinha de mandioca; de São Paulo, trigo e marmelada; do sul, cavalos, bois e mulas; do Rio de Janeiro, africanos escravizados e artigos importados da Europa, como tecidos, ferramentas, louças e móveis.

1 A descoberta de ouro atraiu muitas pessoas para a região das minas.

a. Por que, no início da mineração, o interesse das pessoas era mais voltado para a mineração do que para o cultivo de alimentos?

_____

_____

b. As pessoas que se dedicaram ao abastecimento da região das minas tiveram boas oportunidades de negócios? Explique.

_____

_____

■ O controle do governo português

Todas as pessoas que trabalhavam na extração do ouro deviam obedecer às regras estabelecidas pelo governo de Portugal.

Somente pessoas autorizadas podiam entrar na região das minas. Todo aquele que encontrasse uma mina devia comunicar imediatamente às autoridades. O local era então dividido em lotes, distribuídos entre os interessados. Ao descobridor era dado o direito de escolher dois lotes para explorar.

Para impedir que o ouro saísse da região sem o pagamento dos impostos, o governo português mandou construir as Casas de Fundição, para onde todo o ouro extraído devia ser levado. Ali o ouro era pesado, derretido e transformado em barras, que recebiam o carimbo real.

Ainda nas Casas de Fundição, era extraído o **quinto**, imposto que correspondia à quinta parte de todo o ouro encontrado pelo minerador.

Era considerado crime possuir ouro que não tivesse o carimbo real e o comprovante de pagamento do imposto.

O governo português endureceu ainda mais o controle quando a produção aurífera começou a diminuir, no final do século XVIII. Isso causou grande insatisfação entre os colonos.

Barras de ouro do século XVIII com a numeração e o selo real para controle.

2 Quais foram as medidas tomadas pelo governo português para controlar a exploração das minas?

_____
_____

3 Nas figuras a seguir, as partes de cor marrom indicam o imposto cobrado pelo governo. Assinale com **X** o esquema que representa corretamente a fração desse imposto.

☐   ☐   ☐   ☐

▪ Conflitos

No final do século XVIII, os colonos mineiros estavam muito descontentes com as práticas do governo português. A principal crítica era sobre os elevados impostos cobrados na região.

Conjuração Mineira

Em 1789, um grupo de fazendeiros, mineradores, militares, médicos, advogados e outros profissionais iniciou um movimento em Vila Rica com o objetivo de tornar Minas Gerais independente de Portugal.

A revolta, conhecida como Conjuração Mineira, seria deflagrada no dia da cobrança de impostos (**derrama**). Mas o plano foi denunciado e seus participantes, presos.

Depois de julgados, quase todos foram condenados ao **degredo** na África. Joaquim José da Silva Xavier, conhecido como Tiradentes, foi executado.

Derrama: cobrança forçada dos impostos destinada a garantir rendimento anual de 100 arrobas para Portugal.
Degredo: exílio, afastamento obrigatório.

Presos, os participantes da Conjuração Mineira seguem em marcha pela rua. *Jornada dos mártires*, pintura de Antônio Parreiras, de 1928.

4 Inconfidência Mineira foi o nome dado pelas autoridades portuguesas ao movimento de revolta em Minas Gerais.

a. Pesquise no dicionário o significado das palavras **inconfidência** e **conjuração**.

_____

_____

b. O que diferencia uma da outra?

_____

_____

c. Podemos ter diferentes versões da história, dependendo do ponto de vista? Reflita e converse com os colegas.

Agora já sei!

1 Relacione as letras das fotos às frases que vêm logo a seguir.

Casario em Olinda, PE, 2013.

Casario colonial em Ouro Preto, MG, 2013.

Monumento em homenagem à chegada dos portugueses a São Vicente, SP, 2013.

Museu e igreja no Pátio do Colégio, no município de São Paulo, 2016.

☐ Foi a primeira vila fundada no Brasil, em 1532.

☐ Vila fundada por jesuítas, no planalto de Piratininga.

☐ Vila localizada em região de terras férteis e muita água, favorecendo o cultivo de cana e a produção de açúcar nos engenhos.

☐ Na época da mineração se chamava Vila Rica.

2 Nas regiões mineradoras, desenvolveram-se várias atividades artísticas.

a. Cite algumas dessas atividades.

_____

b. Qual foi o principal artista da região das minas e que atividade ele desenvolvia?

_____

3 Observe a imagem e formule hipóteses sobre quais poderiam ser os produtos transportados pelos animais representados na aquarela.

Aquarela de Maximiliano Wied-Neuwied representando tropeiros, 1817.

_____
_____

4 Observe as fotos da Nigéria, país africano que é um dos maiores produtores mundiais de petróleo. Converse com os colegas e o professor sobre as questões a seguir.

Moradia em Yenagoa, Nigéria, 2012.

Joalheria em Lagos, Nigéria, 2012.

a. Como um país com tantas riquezas pode ter tanta miséria?

b. No Brasil, há imagens semelhantes? Que sugestões você daria para melhorar essa situação?

Vamos fazer!

Quadro sinóptico – Revoltas coloniais

No início da colonização, o governo português e os colonos que viviam no Brasil tinham interesses comuns: ocupar e explorar a terra, que hoje forma o Brasil, gerando riquezas.

Com o tempo, os interesses dos colonos foram se afastando dos interesses daqueles que viviam em Portugal. Começaram então a surgir manifestações de insatisfação, principalmente por parte da elite colonial.

Que tal conhecer um pouco sobre esses movimentos? Um quadro sinóptico pode ajudar.

Você sabe o que é um **quadro sinóptico**? É um quadro em que você organiza os conteúdos de modo que possa visualizá-los todos juntos. Para isso você precisa saber sintetizar ideias, escrever com clareza e coerência, ser objetivo. Vamos lá? Então leia abaixo qual será sua tarefa e, depois, siga as instruções.

O quadro sinóptico deverá conter as seguintes revoltas, cada uma com as informações listadas. Veja as fichas.

REVOLTAS	INFORMAÇÕES NECESSÁRIAS
Revolta de Beckman	• Explicação para o nome
Guerra dos Emboabas	• Ano e local em que ocorreu o movimento
Guerra dos Mascates	• Causas
Conjuração Baiana	• Objetivos do movimento
Revolução Pernambucana	• Participantes
Revolta de Filipe dos Santos	• Resultados

As informações devem ser organizadas no quadro que será montado em um grande painel.

Do que vocês vão precisar

- folhas de papel almaço
- folha de papel pardo
- lápis preto, canetas e lápis coloridos
- régua
- cola

Como fazer

1. Organizando o grupo e verificando os temas

Forme um grupo com os colegas e verifiquem os temas que deverão ser pesquisados. Definam quais serão os materiais de pesquisa (livros, revistas, enciclopédias, internet). Aproveitem a oportunidade para conhecer os livros de História da biblioteca da escola ou, se não for possível, do bairro. Estipulem um prazo para se reunir novamente, já com o material que conseguiram.

2. Selecionando os conteúdos

Conversem sobre o resultado das pesquisas, compartilhando o material que conseguiram.
Leiam as informações dos textos, façam comparações e separem os dados mais importantes, com base nos temas solicitados no quadro. Selecionem as informações que se complementam e eliminem as que se repetem.

3. Elaborando o trabalho

Agora, dividam as tarefas e definam sobre qual(is) rebelião(ões) cada um vai escrever. Depois, escrevam no quadro sinóptico o que foi solicitado. Não se esqueçam das recomendações dadas e escrevam as informações com suas palavras.

4. Organizando o painel

Risquem o quadro no papel pardo, de modo que caibam todas as informações. Vejam o modelo ao lado. Colem nos lugares devidos os textos escritos. Na sala de aula, exponham o quadro para os demais grupos e vejam com atenção os quadros dos colegas.

105

O que aprendi?

1 Leia a seguinte lei do estado de Santa Catarina.

> Art. 1º – Fica instituído o Dia Estadual da Mulher Empresária, a ser comemorado anualmente no dia 17 de agosto, no âmbito do Estado de Santa Catarina.
> [...]
> JUSTIFICATIVA
> [...] A nova legislação, ainda recentemente – há menos de cinquenta anos –, acolhia dispositivos que só permitiam à mulher casada exercer atividade econômica se e quando autorizada expressamente pelo seu marido.

Lei n. 13 583/2005. *Diário Oficial*, estado de Santa Catarina, 29 nov. 2005.

a. De que trata a lei?

_____
_____

b. No passado, todas as mulheres podiam exercer atividades econômicas? Explique.

_____
_____

2 Leia o texto e responda: Na criação de gado, que tipo de mão de obra predominava? E qual era o principal destino do gado produzido?

> A atividade criatória era simples e não exigia grandes contingentes humanos. Pouco mais de doze homens, geralmente mestiços, cuidavam do gado: um vaqueiro e seus auxiliares (os "fábricas"). O regime de liberdade, típico dessa atividade, extensiva, que ocupava largos espaços, não se harmonizava com a escravidão (embora, raramente, os escravos tenham sido utilizados). Assim, predominaram os trabalhadores livres, em regime de parceria, como o vaqueiro, ou assalariados, os "fábricas".
> Os vaqueiros trabalhavam em parceria com o proprietário de rebanho, ganhando uma cria de cada quatro. De cinco em cinco anos, dava-se o acerto de contas, podendo então o vaqueiro formar um pequeno rebanho. Os "fábricas" eram assalariados, pagos em dinheiro ou crédito, e não dispunham de condições para se tornar criadores.

Vera Lúcia A. Ferlini. *A civilização do açúcar*: séculos XVI a XVIII. São Paulo: Brasiliense, 1996. p. 26-27.

_____
_____
_____
_____

3 A descoberta de ouro alterou a vida de toda a colônia. O que aconteceu com:

a. a população, de modo geral?

_____

_____

b. a produção de alimentos?

_____

_____

c. as outras atividades econômicas realizadas na colônia?

_____

_____

4 Observe a foto, leia a legenda e depois responda às questões.

a. Que construção aparece na foto? Por que esse órgão era importante para o governo português?

_____

_____

_____

_____

_____

Construção que abrigava a Casa de Fundição em Rio das Contas, BA. Foto de 2014.

b. Para onde ia o imposto arrecadado pelas Casas de Fundição?

_____

_____

c. Nos dias atuais, o governo também cobra impostos da população. Qual é a finalidade da cobrança de impostos?

_____

_____

d. Em sua opinião, os direitos da população são atendidos de modo adequado pelo governo?

107

UNIDADE 4
O fim da escravidão

Desde a época do plantio da cana e da produção do açúcar, a principal mão de obra utilizada no Brasil foi a escravizada. E não foi diferente, no século XIX, com a produção do café. Mas, dentro do contexto mundial, a escravidão já não era aceita.

- O que você observa nesta cena?
- Em que os homens estariam trabalhando? E as mulheres?
- Como será que as pessoas escravizadas viviam nas fazendas?
- Ao longo da história do Brasil houve diversas permanências e transformações. Entre as permanências, do século XIX até os dias atuais, está a produção de café. Saiba mais sobre o assunto completando o cartaz da página 151. Com a orientação do professor, busque informações e imagens a respeito da produção de café no Brasil atualmente. Quando estiverem prontos, os cartazes podem ser expostos no mural da sala de aula.

+ CONTEÚDO NA VERSÃO DIGITAL

Ilustração representando o trabalho de escravizados em uma fazenda de café em São Paulo, em meados do século XIX.

CAPÍTULO 1 — Um novo cultivo: o café

O café faz parte da vida de muitos brasileiros e brasileiras. É comum oferecer café às visitas ou tomar café com leite. Há até mesmo chocolate com café!

Observe a imagem abaixo.

Reprodução de cartaz comemorativo lançado em 2010.

1 Qual é a data comemorativa do cartaz? Em que dia ela ocorre?

_____

2 Em sua opinião, por que o mapa político do mundo aparece dentro da xícara de café?

3 Forme dupla com um colega e, juntos, pesquisem em materiais impressos e na internet por que esse dia foi criado. Anotem os resultados da pesquisa nas linhas abaixo. Compartilhem os resultados com os colegas.

_____

_____

_____

4 Você já tomou café? Conhece pessoas que consomem essa bebida? Conte aos colegas e ao professor.

A cafeicultura

O café foi trazido para o Brasil em 1727, para a cidade de Belém, no atual estado do Pará. Era cultivado nos quintais e jardins das casas para consumo próprio. Depois, foi plantado no atual estado do Amazonas e no Nordeste.

Só em 1773, mudas de café foram plantadas no Rio de Janeiro. Percebeu-se então que, nessa região, o solo era propício a seu cultivo.

Por ser um produto bastante procurado em outros países, o café despertou o interesse dos fazendeiros, que logo perceberam ser um negócio lucrativo.

No início, a produção do café era semelhante à da cana: **monocultura** em grandes propriedades, destinada à exportação, com uso de mão de obra escravizada.

Monocultura: cultivo de um único produto.

Pé de café. No detalhe, à esquerda, ramo com frutos. No detalhe, à direita, grãos torrados. O cafeeiro tem flores pequenas, brancas, e frutos vermelhos ou amarelos. Secos, torrados e moídos, os frutos se transformam em pó de café.

+ SAIBA MAIS

O café é originário da Etiópia, na África. Por volta de 1600, era conhecido na Europa por suas propriedades medicinais e estimulantes. A partir de 1750, os europeus passaram a consumi-lo como bebida. Hoje, o café é considerado uma das bebidas mais populares do mundo.

1 Você já sabe que o café é uma das bebidas mais populares do mundo. Para confirmar, verifique com seus familiares e conhecidos.

a. Pergunte a cada um se costuma beber café.

b. Anote o total de pessoas consultadas e quantas responderam "sim".

_____

c. Com a ajuda do professor, você e os colegas vão reunir os dados obtidos por toda a turma e conferir o resultado.

■ A expansão das lavouras de café

O café foi cultivado no Brasil com tanto sucesso que o país se tornou o maior produtor mundial dessa mercadoria.

Em menos de um século, as lavouras cafeeiras se espalharam pelo estado de São Paulo e alcançaram Minas Gerais e, depois, o norte do Paraná. Foi esse movimento de expansão do cultivo que ficou conhecido como **marcha do café**. Observe o mapa.

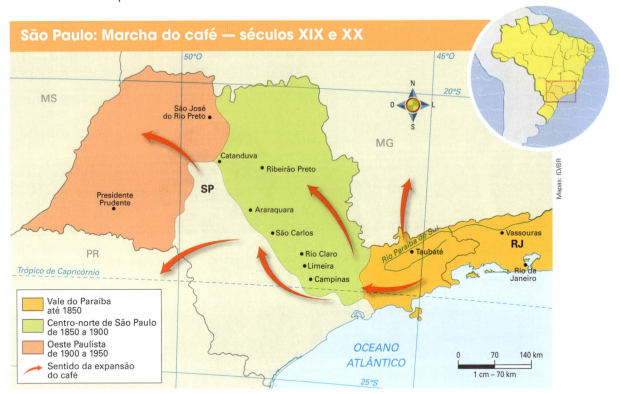

Fonte de pesquisa: *Revista Semanal da Lição de Casa*, São Paulo, Klick, n. 8, p. 10-11, 2000. Encarte do jornal *O Estado de S. Paulo*.

Vale do Paraíba

As primeiras fazendas de café foram instaladas na região do vale do rio Paraíba do Sul, entre os estados de Minas Gerais, Rio de Janeiro e São Paulo.

Com chuvas bem distribuídas durante o ano todo e solo fértil, os pés de café da região cresceram rapidamente. Aos poucos, os cafezais substituíram a mata nativa da região.

Para o oeste

O intenso cultivo levou ao esgotamento do solo do vale do Paraíba. Mas o interesse pelo café continuou crescendo no mundo todo. Os cafezais passaram a ser cultivados em grandes extensões de terras férteis na região de Campinas, seguindo depois para o centro-norte do estado de São Paulo. No início do século XX, as plantações de café atingiram o Oeste Paulista e, depois, o norte do Paraná.

2 Observe o mapa da página ao lado.

a. Descreva o "caminho percorrido" na marcha do café, mencionando cidades, regiões e época.

b. Em sua opinião, por que o café foi "marchando" de uma área para outra?

3 Observe a gravura.

a. Quem é o autor?

b. Quando foi feita? Qual é o título da obra?

c. O que a gravura mostra?

Acervo da Fundação Biblioteca Nacional, Rio de Janeiro. Fotografia: ID/BR

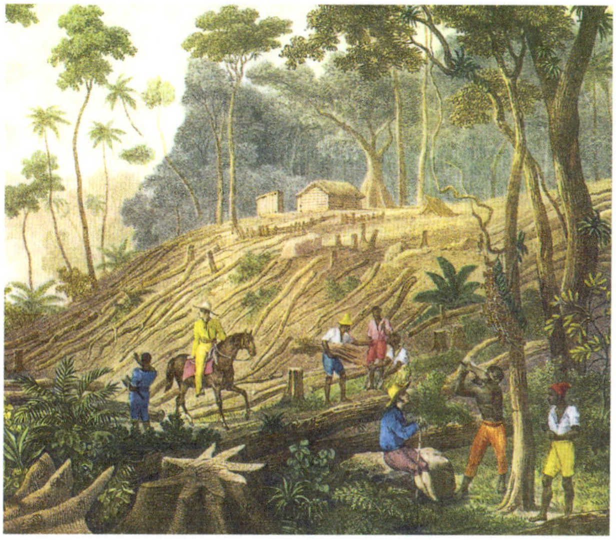

Desmatamento, gravura de Johann Moritz Rugendas, 1835.

d. Quem são as pessoas retratadas na imagem e o que estão fazendo?

e. Elabore uma legenda para a imagem com as informações dos itens anteriores.

■ O trabalho nas fazendas de café

O trabalho nas fazendas começava com a limpeza da área destinada ao cafezal. Derrubava-se e queimava-se a mata nativa para preparar a terra e plantar. Cerca de quatro anos depois, podia ser feita a primeira colheita.

Na colheita, os frutos eram apanhados e depois peneirados para eliminar terra, pedras, folhas e galhos, e então eram lavados em tanques e colocados para secar nos terreiros. Por último, os grãos eram socados para remover as cascas e finalmente embalados em sacos de juta.

Para realizar todas essas tarefas, eram necessários muitos trabalhadores. No início, os cafeicultores usaram a mão de obra escravizada, tanto nas fazendas do vale do Paraíba como nas do Oeste Paulista.

Em 1850, o tráfico de escravos para o Brasil foi proibido por lei e a vinda de africanos escravizados teve fim. Assim, na segunda metade do século XIX, em algumas fazendas, principalmente nas de São Paulo, os cafeicultores começaram a substituir os trabalhadores escravizados por imigrantes assalariados.

Pessoas escravizadas reunidas para o trabalho na lavoura de café, na região do vale do Paraíba, Rio de Janeiro, em 1885.

4 Recorte as ilustrações da página 149 e depois cole as imagens de acordo com as etapas de produção e consumo do café: **1.** Pé de café; **2.** Cafeeiro com frutos; **3.** Colheita de café; **4.** Secagem de café no terreiro; **5.** Café em sacos de juta; **6.** Café pronto para beber.

1	2	3	4	5	6

A economia cafeeira

Ao longo do século XIX, os brasileiros assistiram a várias transformações políticas, sociais e ambientais no país. Essas transformações estão associadas principalmente ao sucesso da economia cafeeira.

Na década de 1820, de cada cem sacas de café vendidas no mundo, só dezoito eram de café brasileiro. Quarenta anos depois, o Brasil já era responsável por cerca de metade do café produzido no mundo. E, na década de 1880, o país era o principal produtor mundial.

1 Observe os gráficos e responda às questões.

a. Ao longo do século XIX, como foi a participação do Brasil na produção mundial de café?

b. O que provavelmente aconteceu com as lavouras de café nesse período?

Fonte de pesquisa: Carlos Guilherme Mota. *Brasil em perspectiva*. São Paulo: Difel, 1977. p. 156.

2 Compare os quadros **A** e **D** do gráfico acima com este abaixo. Qual é a relação entre eles?

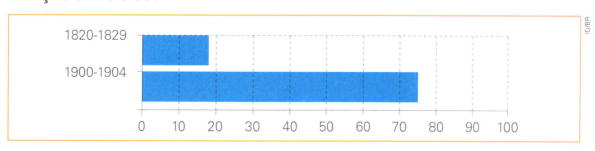

Mudanças no cenário

Tanto a cafeicultura como o cultivo de cana são atividades do campo. Será que a sociedade cafeeira era parecida com a que se desenvolveu em torno dos engenhos de açúcar? Havia semelhanças, mas as diferenças eram muitas.

A propriedade era semelhante. Na fazenda havia a casa-grande, a senzala, a capela, o pomar e a horta para o abastecimento dos moradores, as oficinas e as áreas de cultivo. Mas o cafeicultor e sua família não viviam o tempo todo na fazenda. Ele tinha uma casa na cidade, onde podia negociar a venda do café e se dedicar a outros negócios.

Os grandes fazendeiros acumularam riqueza e poder e, aos poucos, passaram a definir as políticas adotadas no país.

A riqueza gerada pelo café trouxe várias mudanças: casas, mobílias e roupas luxuosas para os donos dos cafezais, cidades mais bem equipadas, novos meios de transporte. As matas nativas foram substituídas por cafezais. Além disso, a cultura do café tinha caráter itinerante, ou seja, mudava sempre de lugar. Quando a terra dava sinais de esgotamento, ela era abandonada, e os fazendeiros passavam a cultivar o café em outro local.

Sala da fazenda do Pinhal, em São Carlos, São Paulo. O local prosperou durante o auge da cafeicultura no século XIX. Foto de 2012.

3 Observe a imagem acima e responda às questões.

a. A imagem mostra um cômodo da casa-grande ou da senzala?

b. Você acha que a mobília é modesta ou indica riqueza?

c. Qual é a relação dessa imagem com o cultivo do café?

4 Converse com os colegas e o professor sobre as seguintes questões: O que acontecia com o solo nas regiões em que o café era intensamente cultivado? Isso ocorre nos dias atuais? Por que é importante resolver esse problema?

As estradas de ferro

No início, as sacas de café eram transportadas no lombo de burros, em caravanas conduzidas por tropeiros, do vale do Paraíba aos portos do litoral, principalmente ao porto do Rio de Janeiro.

Reprodução da gravura *Caminhos dos órgãos*, de Johann J. Steinmann, feita em 1834. O artista retratou tropeiros na rota de comércio que ligava Minas Gerais ao Rio de Janeiro.

Com a expansão da cafeicultura, o governo e os fazendeiros perceberam que era preciso um meio mais rápido para transportar a produção: as ferrovias. A primeira ferrovia do Brasil ficou pronta em 1854. Ela ligava a cidade do Rio de Janeiro a Fragoso, perto de Petrópolis.

Em 1855 começou a ser construída a Estrada de Ferro Dom Pedro II, unindo as cidades do Rio de Janeiro e de São Paulo, passando pelo vale do Paraíba. Em 1889, a ferrovia passou a ser chamada de Estrada de Ferro Central do Brasil. Outras ferrovias foram construídas, a maioria no estado de São Paulo.

5 Quando ficou pronta a primeira estrada de ferro brasileira?

6 O que podemos concluir sobre os locais escolhidos para a construção das primeiras ferrovias?

Agora já sei!

1 Leia o texto e responda às questões.

> No final do século XVIII, o tráfico negreiro estava mais ou menos estacionado, mas o desenvolvimento das lavouras cafeeiras nas primeiras décadas do século XIX provocou um grande aumento na chegada de escravos. [...] Entre 1840 e 1850, calcula-se que desembarcaram no Brasil uma média de 40 mil escravos [por ano], e só no ano de 1848 entraram no porto do Rio de Janeiro 60 mil cativos.

Antonio Carlos Robert Moraes. *A fazenda de café*. São Paulo: Ática, 2003. p. 21.

a. Como era o comércio de africanos escravizados no final do século XVIII? E no início do século XIX?

_____

_____

b. Qual foi o motivo dessa alteração?

_____

_____

_____

2 Leia o texto e responda às questões.

> Quem vê as imponentes árvores na Floresta da Tijuca [...] pode não imaginar que [...] a floresta era dominada por [...] plantações de cana e café.
> [...] como causa direta do desmatamento contínuo, houve uma crise no abastecimento de água que deixou a cidade do Rio de Janeiro na seca em 1843. [...]
> A falta d'água foi associada à derrubada das árvores e Dom Pedro II baixou um decreto para tentar contornar a situação. Estava ordenado o plantio de novas mudas a partir das margens das nascentes dos rios e a preservação das já existentes na floresta da Tijuca.

Duda Menegassi. O reflorestamento de um patrimônio. *O eco*, 17 dez. 2012. Disponível em: <http://linkte.me/d549t>. Acesso em: 19 abr. 2016.

a. Em 1843, o que aconteceu com o abastecimento de água na cidade do Rio de Janeiro?

_____

_____

b. Há florestas ou matas em risco hoje no Brasil. Em sua opinião, é possível recuperá-las do mesmo modo que foi recuperada a floresta da Tijuca, em 1843?

3 Observe as imagens e responda às questões.

Colheita de café na Tijuca, gravura de Johann Moritz Rugendas, de 1835.

Café, pintura de Candido Portinari, de 1935.

a. Quem são os autores das obras e quando foram feitas?

b. Qual é o tema retratado?

c. Qual é a diferença de tempo entre as obras?

d. Quais são as semelhanças e diferenças retratadas?

e. Em sua opinião, os artistas estavam presentes nas cenas que retrataram? Converse com os colegas e explique sua resposta.

119

CAPÍTULO 2 — Da escravidão ao trabalho assalariado

Em 1888, a escravidão de africanos e seus descendentes terminou oficialmente no Brasil. No entanto, durante muito tempo, os negros do Brasil foram impossibilitados de exercer a cidadania de modo pleno.

A luta pelo reconhecimento da igualdade racial e dos direitos da população afrodescendente continua até os dias de hoje.

Observe o cartaz ao lado.

Cartaz de campanha contra o racismo produzido pela Secretaria de Estado da Mulher e da Diversidade Humana da Paraíba, em 2013.

1 O cartaz aborda o **racismo**. Você sabe o que é isso? Pesquise o significado dessa palavra em um dicionário e anote o que você entendeu.

_____
_____
_____
_____

2 Você acha correto que alguém seja maltratado ou bem tratado por conta da cor da pele ou do tipo de cabelo? Por quê?

3 Imagine que você presenciou uma cena de racismo. O que você faria? Conte aos colegas.

O processo da abolição da escravidão

Desde o início da colonização no Brasil, todo o trabalho era realizado por pessoas escravizadas, principalmente africanos. Foram mais de três séculos até terminar a escravidão. Como ocorreu esse processo?

No século XIX, alguns países europeus tinham interesse em pôr fim ao trabalho escravo. A Inglaterra era um desses países.

Em 1845, os ingleses aprovaram uma lei proibindo o **tráfico** de africanos. Com isso, a marinha inglesa começou a aprisionar os navios negreiros.

Em 1850, pressionado pelos ingleses, o governo brasileiro extinguiu o tráfico de escravos com a **Lei Eusébio de Queirós**.

Tráfico: comércio.

1 Observe a tabela e responda.

Brasil: Entrada de africanos escravizados — 1842 a 1852	
Ano	Número de escravos
1842	17 345
1843	19 095
1844	22 849
1845	19 453
1846	50 324
1847	56 172
1848	60 000
1849	54 000
1850	23 000
1851	3 387
1852	700

Fonte de pesquisa: Maurício Goulart. *A escravidão africana no Brasil*. São Paulo: Alfa-Ômega, 1975. p. 270-271.

a. O que aconteceu com o número de africanos escravizados trazidos para o Brasil entre 1842 e 1849?

b. Por que isso ocorreu?

c. E o que houve com esse número entre 1850 e 1852?

d. Por que aconteceu essa diminuição?

2 Em sua opinião, por que a Inglaterra combatia o tráfico negreiro? Converse com os colegas e o professor.

Leis

Depois da aprovação da Lei Eusébio de Queirós, intensificou-se o movimento favorável ao fim da escravidão. Jornalistas, médicos, advogados, artistas, escritores e políticos denunciavam os horrores da escravidão. Muitos deles eram descendentes de africanos. As pessoas se manifestavam em passeatas e comícios, obras literárias, artigos de jornais e panfletos.

Entre as pessoas escravizadas, multiplicavam-se as revoltas e as fugas para os quilombos.

Fuga de escravos, pintura de François A. Biard, 1859.

As crescentes pressões do movimento abolicionista levaram à criação de algumas leis.

- **Lei do Ventre Livre**, de 1871. Os filhos de mulheres escravizadas que nascessem a partir dessa data seriam considerados livres, mas deviam continuar com os fazendeiros até que tivessem 21 anos.
- **Lei dos Sexagenários**, de 1885. Garantia liberdade às pessoas escravizadas que tivessem mais de 60 anos de idade. Essa lei teve pouco efeito, pois a maioria dos escravos não chegava a essa idade.
- **Lei Áurea**. Somente em 13 de maio de 1888 foi assinada a lei que pôs fim à escravidão. Todas as pessoas escravizadas se tornaram livres.

Após a abolição, alguns ex-escravos continuaram trabalhando nas fazendas de café e em outras atividades no campo, já como pessoas livres. No entanto, a maioria foi para as cidades em busca de trabalho.

3 Em sua opinião, por que existiram leis em favor das pessoas escravizadas antes da Lei Áurea? Converse com os colegas.

Registros

Lei Áurea

Até aqui, você viu diferentes tipos de registros, escritos e não escritos. Todos eles contêm informações que possibilitam resgatar a história. São fotos, jornais, construções, móveis, livros, cartas, pinturas e outros.

Veja ao lado a reprodução de um documento oficial.

Nesse documento, lê-se:

"Lei n. 3353, de 13 de maio de 1888.

Declara extinta a escravidão no Brasil.

A Princesa Imperial Regente, em nome de Sua Majestade, o Imperador, o Senhor Dom Pedro II, faz saber a todos os súditos do Império que a Assembleia Geral decretou e Ela sancionou a Lei seguinte:

Artigo 1º – É declarada extinta desde a data desta Lei a escravidão no Brasil.

Artigo 2º – Revogam-se as disposições em contrário. […]"

Cópia da Lei Áurea, assinada pela princesa Isabel.

■ Responda às seguintes questões.

a. Quem assinou a Lei Áurea? Em nome de quem?

_____

_____

b. Em sua opinião, quais foram os motivos que fizeram com que essa lei fosse assinada? Converse com os colegas e o professor.

Chegam os imigrantes

Depois do fim da escravidão, um número cada vez maior de imigrantes chegou ao Brasil. Uma grande parte deles foi trabalhar nas lavouras de café.

Na verdade, os imigrantes começaram a vir para o Brasil bem antes do fim da escravidão. Vieram em meados do século XIX, quando a cafeicultura estava se expandindo para o Oeste Paulista. E vieram também antes disso, na primeira metade do século XIX, para ocupar o sul do território brasileiro.

Diversos imigrantes europeus vieram para o Brasil: portugueses, espanhóis, italianos e alemães, entre outros. Povos diferentes, mas com o mesmo objetivo: trabalhar para garantir melhores condições de vida.

No século XIX, na Itália, muitos desempregados procuravam o órgão responsável pela emigração. Foto de cerca de 1900.

Na Europa, muitos países atravessavam dificuldades econômicas e conflitos. Por meio de folhetos, cartazes e exposições, o governo brasileiro passava a ideia de que o Brasil era um país de fartura, cheio de riquezas naturais e sem guerra.

1 Reflita sobre as questões e responda.

a. Por que as oportunidades de trabalho no Brasil interessavam aos europeus?

_____

b. Em sua opinião, o que levava as pessoas a deixar os países de origem e a se mudar para outro lugar?

_____
_____

 http://linkte.me/icyai
O *site* do Museu da Imigração do Estado de São Paulo disponibiliza mais de 250 imagens digitalizadas e diversos tipos de documentos, como fotos, cartões-postais, jornais, mapas e outros registros relacionados à história da imigração no Brasil. Acesso em: 20 abr. 2016.

▪ O trabalho dos imigrantes

A relação de trabalho entre imigrantes e quem os contratava variou ao longo do tempo. No início, os trabalhadores estrangeiros foram submetidos a duras condições de vida, e muitos preferiram voltar ao país de origem.

Parceria

No sistema de **parceria**, os trabalhadores recebiam uma parte do dinheiro da venda do café que cultivassem.

Os imigrantes também recebiam do dono da fazenda um adiantamento em dinheiro para as despesas de viagem e para se manterem até o início da produção. Assim, já chegavam ao Brasil com dívidas. Além disso, tinham de comprar no armazém da fazenda tudo de que necessitavam (alimentos, remédios, roupas, sapatos, ferramentas), e lá os preços eram muito altos.

Dívidas e despesas eram descontadas do dinheiro que deviam receber pela venda do café. Assim, os trabalhadores ficavam presos à fazenda até pagarem a dívida.

Fachada da sede da fazenda Ibicaba, em Limeira, SP. Foto de 2012. Vários imigrantes suíços e alemães chegaram a essa fazenda, em 1846, para trabalhar no sistema de parceria.

Colonato

Em 1871, o governo paulista começou a pagar as passagens dos imigrantes. Além disso, para recebê-los, foi construída a Hospedaria dos Imigrantes, na cidade de São Paulo. Ali, os imigrantes ficavam acomodados e faziam as refeições até serem contratados pelos fazendeiros.

No novo sistema de trabalho, chamado **colonato**, os imigrantes cuidavam do cultivo de uma quantidade de pés de café em troca de um salário anual fixo e de uma parte da colheita. Eles também podiam plantar alimentos, como milho e feijão, e criar animais para consumo da família e para venda.

2 Diferencie o sistema de **parceria** do sistema de **colonato**.

Registros

Acervo de museu

A Hospedaria dos Imigrantes, construída na cidade de São Paulo entre 1886 e 1888, era um conjunto de prédios que abrigava os imigrantes recém-chegados.

Em 1982, parte do conjunto foi **tombado** como patrimônio histórico-cultural. Hoje, na antiga hospedaria funciona o Museu da Imigração, criado em 1998 para reunir, preservar, documentar e pesquisar a história da imigração e a memória dos imigrantes.

Além de reunir um grande **acervo**, o Museu da Imigração se dedica à divulgação desse acervo, assim como a projetos que visam desenvolver uma consciência de preservação dos testemunhos.

> **Tombado:** área, edifício ou objeto que, devido ao valor histórico e ao interesse público, fica sob a proteção do governo, que deve conservá-lo.
> **Acervo:** no texto, conjunto de obras, documentos e objetos de um museu.

Imigrantes recém-chegados, em frente da Hospedaria dos Imigrantes, em São Paulo. Foto do final do século XIX.

Fachada do Museu da Imigração, no município de São Paulo. Foto de 2015.

1 Observe as fotos das fachadas. O que permaneceu e o que mudou?

Maria-fumaça que transportava imigrantes até a Hospedaria, em São Paulo. Ela pode ser vista no Museu da Imigração. Foto de 2015.

2 Para uma pessoa que descende de imigrantes, qual é a importância dos objetos reunidos no Memorial? Converse com os colegas.

■ Os imigrantes nas cidades

Os imigrantes trabalhavam muito, sonhando em comprar um pedaço de terra. Sem conseguir, iam trabalhar no comércio e nas fábricas que começavam a surgir nas cidades. Lá eles recebiam um salário mensal. Algumas pessoas conseguiram abrir pequenos negócios, oferecendo seus serviços como sapateiros, padeiros, alfaiates, barbeiros ou pedreiros. Outras se tornaram grandes comerciantes e industriais.

A maioria dos imigrantes veio para o Brasil trabalhar nas fazendas de café. Mas houve também muitos que se instalaram direto nas cidades, principalmente portugueses, espanhóis, sírios e libaneses.

■ Os imigrantes no Sul do Brasil

Alguns imigrantes viviam no Sul do país desde o início do século XIX. O governo oferecia lotes de terra para que eles se estabelecessem como pequenos proprietários agrícolas.

Vieram suíços, alemães e italianos, entre outros. Para ocupar e cultivar seus lotes, tinham de derrubar a mata, construir suas casas e plantar gêneros alimentícios (batatas, verduras e frutas). Os povoamentos deram origem a cidades como São Leopoldo, Novo Hamburgo, Bento Gonçalves e Caxias do Sul, no Rio Grande do Sul, e Blumenau e Joinville, em Santa Catarina.

3 Observe as fotos, leia as legendas e faça o que se pede.

Casa de meados do século XX em Pomerode, Santa Catarina. Foto de 2012.

Casa na região de Hamburgo, na Alemanha. Foto de 2013.

a. Quais são as cidades mostradas?

b. Quais são as semelhanças entre as casas retratadas nas fotos?

c. Cite outros exemplos em que se manifestam as tradições de imigrantes.

Agora já sei!

1 Observe a fotografia, leia a legenda e responda às questões.

Pelos pés, era possível identificar a condição social dos indivíduos. Somente as pessoas livres podiam usar calçados. Foto de Militão Augusto de Azevedo, em 1870.

a. Por que podemos afirmar que a maioria dos homens da fotografia é de trabalhadores escravizados?

_____

b. Quando era alforriado, uma das primeiras medidas do trabalhador ex-escravizado era comprar sapatos. O que isso simbolizava para ele?

_____

2 Leia o texto e responda às questões.

> Muitos brancos também festejaram o 13 de maio de 1888: eram os abolicionistas, que haviam lutado bastante para o fim da escravidão, que era motivo de vergonha para os brasileiros [...].
> Mas também havia muitas pessoas que não estavam contentes nem viam motivos para comemorações. Esse grupo era formado, em sua maioria, por proprietários de terras – fazendeiros de café ou de cana-de-açúcar. [...]
> Havia ainda uma parcela menor de pessoas bastante preocupada. Esse grupo era formado por brancos e negros abolicionistas, que também tinham lutado pela abolição e, agora, temiam pelo futuro dos ex-escravos. [...]

Revista Semanal da Lição de Casa, São Paulo, Klick, n. 4, p. 12, 2000. Encarte do jornal *O Estado de S. Paulo*.

a. De acordo com o texto, qual grupo comemorou o 13 de maio?

b. E qual grupo ficou descontente?

c. Forme dupla com um colega para levantar hipóteses sobre a seguinte questão: Por que, mesmo depois do 13 de maio, os abolicionistas se preocupavam com os ex-escravizados? Contem à turma a hipótese de vocês.

3 Leia os depoimentos e responda às questões.

A
Meu conselho a todos os que sonham emigrar [...] resume-se nas seguintes palavras: enquanto vos for possível na Europa uma existência, embora pobre e cheia de privações, mas honrada e honesta, renunciai ao projeto de uma viagem longa, penosa, em muitos casos arriscada, e ao termo da qual vos espera, talvez, uma vida ainda mais difícil e miserável do que aquela a que vos acostumastes [...].
– Thomas Davatz, imigrante suíço que veio para o Brasil em 1855.

Thomas Davatz. *Memórias de um colono no Brasil (1850)*.
São Paulo: Livraria Martins, 1941. p. 227.

B
Tenho visto que para muitos [...] imigrantes o sonho dourado de viver num novo país se transforma em um pesadelo [...] que até choram quando falam do arrependimento de ter deixado tudo em seus países e ter vindo para cá. [...]
O que me deixou impressionado foi ver pessoas que vêm pra cá como se no Québec existisse a Corrida do Ouro. Infelizmente não tem. Aqui tem uma vida segura, onde você pode andar sem o risco de ser assaltado, sem a tristeza de ver uma criança de rua, sem medo de bala perdida. [...] – Rodrigo, imigrante brasileiro no Canadá, em 2007.

Québec: cidade do Canadá.

Um depoimento maduro depois de 40 dias em Montreal. Brasileiros em Montreal. Disponível em: <http://linkte.me/dznia>. Acesso em: 20 abr. 2016.

a. Quem escreveu os textos e qual é o local de origem dessas pessoas?

b. Quando e onde os textos foram escritos?

c. O que essas pessoas esperavam alcançar no novo país?

d. As expectativas dessas pessoas foram atendidas? Elas ficaram satisfeitas?

4 Ainda hoje, as estatísticas indicam salários inferiores e condições precárias de moradia entre a população negra do Brasil. Converse com os colegas sobre a questão abaixo.

- Em sua opinião, há relação entre a atual situação da população negra e a escravidão? O que é necessário para modificar essa situação?

129

CAPÍTULO 3 — Vida urbana e indústria

No final do século XIX, muitas mudanças estavam ocorrendo no Brasil. A riqueza gerada pelo café fazia crescer as cidades, principalmente as da Região Sudeste. A escravidão, legalmente, era proibida. Imigrantes chegaram ao país e se dirigiram para diferentes áreas do território. Por fim, em 1889, mudou também a forma de governo, que passou de monarquia, em que o rei governa, para república, na qual quem governa é o presidente, que é eleito pelo voto.

No início do século XX, o Brasil já era um país bem diferente.

Estrada de Ferro Central do Brasil, de Tarsila do Amaral, pintura feita em 1924.

1 Observe a pintura e responda.

  a. Quais elementos são da natureza? E quais foram construídos pelos seres humanos?

  b. Quais elementos presentes na imagem fazem referência ao crescimento das cidades no Brasil no início do século XX?

2 Nas indústrias, foi empregada mão de obra assalariada, já que a escravidão havia acabado. Converse com os colegas e o professor sobre as questões a seguir.

  a. Que diferenças entre o trabalho nas indústrias e nas lavouras de café você conhece?

  b. Em sua opinião, onde existiam melhores condições de trabalho: no campo ou na cidade? Por quê?

Industrialização e urbanização

Os cafeicultores ganhavam muito dinheiro com a **exportação** de café. Muitos deles investiram parte desse dinheiro na criação de indústrias na cidade.

Vários trabalhadores das primeiras indústrias eram imigrantes que deixavam o campo com a família para conseguir emprego na cidade.

Exportação: venda de produtos de um país para outro.

Operários das Indústrias Reunidas Francisco Matarazzo, no município de São Paulo. Foto de cerca de 1910.

1 Somente adultos trabalhavam nas indústrias nessa época? Observe a imagem acima para responder.

2 Observe as fotos abaixo e responda à questão.

Foto da rua Líbero Badaró, em São Paulo, de cerca de 1860.

Foto da rua Líbero Badaró, no município de São Paulo, de cerca de 1920.

- Que mudanças ocorreram no período que passou entre as fotos?

_____

_____

_____

■ As primeiras indústrias

A partir da segunda metade do século XIX, foram instaladas fábricas em algumas cidades brasileiras.

A maioria delas ficava no Rio de Janeiro. Era ali que se encontravam bancos que podiam conceder empréstimos a quem quisesse montar uma fábrica. E muitos fazendeiros do vale do Paraíba investiram seus ganhos em indústrias.

Com a expansão do café para o Oeste Paulista, no início do século XX, a riqueza que o produto trazia promoveu a industrialização em São Paulo. Em 1920, a produção industrial paulista era maior que a do Rio de Janeiro.

Nesse começo de industrialização, fabricavam-se produtos com **matérias-primas** brasileiras, como café, algodão, couro, leite e açúcar.

Matéria-prima: substância principal utilizada para fabricar um produto.

Moinho em Niterói, RJ. Foto de cerca de 1920.

⊕ SAIBA MAIS

Entre os anos de 1914 e 1918, a Europa foi palco da Primeira Guerra Mundial. Envolveram-se nesse conflito países europeus, asiáticos e também os Estados Unidos. Durante a guerra, a produção das indústrias europeias ficou quase paralisada. A indústria brasileira ganhou impulso, pois teve de produzir o que antes era importado da Europa.

3 O que era produzido pelas primeiras indústrias brasileiras? Com a orientação do professor, pesquise em materiais impressos e *on-line* para descobrir. Compartilhe sua pesquisa com os colegas.

▪ O crescimento das cidades

A instalação de indústrias colaborou para o crescimento das cidades. Milhares de trabalhadores deixaram o campo e foram para as cidades em busca de emprego nas fábricas. As cidades que mais cresceram foram Rio de Janeiro, Recife e São Paulo.

A paisagem urbana mudou. Ruas foram alargadas, construíram-se praças e grandes avenidas. Os portos foram modernizados e houve investimentos em transporte, iluminação e saneamento nas cidades do Rio de Janeiro e de São Paulo.

Apesar das reformas, a maioria dos habitantes das cidades não foi adequadamente atendida. As mudanças beneficiaram uma pequena parcela da população.

Na cidade de São Paulo, os melhores bairros foram ocupados pelas famílias mais ricas, principalmente de cafeicultores. Eram bairros localizados nas partes mais altas, onde não havia risco de enchentes e longe da fumaça das chaminés das fábricas.

Obras de instalação dos trilhos de bonde, em uma avenida de São Paulo. Foto de 1900.

4 De onde vinha a maioria dos recursos investidos nas indústrias?

5 Hoje, como se dá a ocupação dos espaços da cidade? As famílias ricas ainda vivem nos bairros mais bem localizados? Para responder, faça as atividades a seguir e depois compartilhe os resultados com os colegas.

  a. Escolha um telejornal de sua cidade ou região e, durante três dias, preste atenção aos noticiários. Anote os bairros mencionados, identificando as notícias relacionadas a eles.

  b. Tente descobrir qual é a qualidade dos serviços públicos oferecidos em bairros centrais e em bairros distantes do centro.

Operários: o trabalho nas fábricas

Com a industrialização, as cidades cresceram, a população urbana aumentou e surgiu um novo tipo de trabalhador: os **operários**. Eram pessoas livres, assalariadas e submetidas a uma rígida disciplina dentro das fábricas.

A maioria desses trabalhadores vinha do campo. Eram agricultores que haviam deixado as fazendas, muitos deles, imigrantes europeus.

Os operários estavam sujeitos a longas jornadas de trabalho, que podiam chegar a 15 horas diárias. Recebiam baixos salários, que eram ainda menores para mulheres e crianças. Atrasos, faltas e quebra de máquinas geravam punições com multa ou até castigos físicos.

Nessa época, não existiam leis que garantissem direitos aos trabalhadores. Não havia descanso semanal nem férias. As condições dos locais de trabalho eram péssimas. Por isso, os operários ficavam doentes com frequência.

Operários de uma metalúrgica mostram instrumentos de trabalho, em Caxias do Sul, RS. Foto de 1907.

1 Observe, na foto acima, a presença de crianças. Discuta com os colegas o trabalho infantil nas primeiras indústrias brasileiras e compare com os dias atuais. Com base na discussão, escreva duas razões para a proibição do trabalho de crianças.

▪ Uma vida nada fácil

Devido aos salários extremamente baixos, era necessário que toda a família trabalhasse, incluindo mulheres e crianças.

Além disso, com o que recebiam, os operários só conseguiam morar nas áreas menos valorizadas da cidade. Eram locais afastados do centro, poluídos devido à proximidade das fábricas, sujeitos a enchentes, caso estivessem às margens de rios, ou a desmoronamentos, quando situados em encostas de morros.

Boa parte das famílias operárias vivia em habitações coletivas, como cortiços e favelas.

▪ Movimentos operários: lutando por direitos

Desde o início, os operários se uniram para melhorar suas condições de vida. Assim, surgiram **associações** para ajudar as pessoas em caso de doença ou dificuldade. Essas associações também promoviam festas e outras atividades de lazer para as famílias trabalhadoras.

Mais tarde, os trabalhadores passaram a organizar movimentos de protesto e **greves** para exigir melhores salários e condições de trabalho.

Greve: forma de protesto dos trabalhadores. Eles param de trabalhar para reivindicar melhores salários, condições de trabalho adequadas, etc.

Em 1917, uma **greve geral** parou a cidade de São Paulo durante um mês. Os operários exigiam aumento de salário, o fim do trabalho infantil e o fim do trabalho noturno para as mulheres e os menores de 18 anos.

Durante a greve de 1917, a polícia prendeu os líderes do movimento e espancou muitos trabalhadores. Foto tirada durante o enterro do sapateiro José Martinez, que morreu em confronto com a polícia durante a greve.

2 Você viu que, no início do século XX, muitas pessoas deixaram o campo para trabalhar nas fábricas.

a. Qual era o objetivo dessas pessoas?

b. Hoje, em geral, como são as condições de trabalho comparadas às do início do século XX? Consulte um adulto e responda.

Agora já sei!

1 Observe o detalhe da pintura *Navio de emigrantes*, ao lado, e responda às questões.

a. O que ela mostra?

_____

_____

b. Em sua opinião, que sentimentos transmitem as pessoas representadas? Explique.

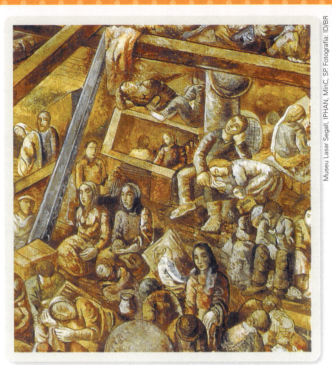

Detalhe da pintura *Navio de emigrantes*, de Lasar Segall, feita em 1937. O artista foi um imigrante lituano que veio para o Brasil em 1924.

2 Observe as fotos, leia as legendas e faça o que se pede.

Operárias trabalhando em máquina de fiar no município de São Paulo. Foto do início do século XX.

Operária trabalhando em máquina de fiar em Manaus, AM. Foto de 2013.

a. Sublinhe, nas legendas, o local e a data de cada foto.

b. Quem são as pessoas retratadas e como estão vestidas?

_____

_____

c. Que diferenças e semelhanças há entre as fotos? Conte aos colegas.

3 Neste livro, você conheceu um pouco da história dos trabalhadores do Brasil.

a. Que profissão você quer ter quando for adulto? Ou o que você gostaria de fazer? Por quê?

_____
_____

b. Escreva "dicas" sobre essa profissão, como algumas tarefas, o tipo de roupa que deve utilizar, onde trabalha, o horário em que trabalha.

_____
_____

c. Com a ajuda do professor, organizem a brincadeira "Quem sou eu?". Cada um deverá ler em voz alta suas dicas e os demais tentam adivinhar qual é a profissão.

4 Leia a tira abaixo e depois faça o que se pede.

a. Quais traços das personagens identificam o chefe e o empregado? Converse com os colegas.

_____
_____

b. No início do processo de industrialização no Brasil, o que acontecia ao operário quando ele chegava atrasado?

_____
_____

c. Hoje isso poderia acontecer? Que direitos trabalhistas atuais você conhece? Conte aos colegas.

137

Vamos fazer!

Painéis para exposição

Antes de começar este trabalho, leia o texto a seguir, que dará uma dica preciosa.

> Como é o ser *negro* que aprendi na escola? Lembro do retrato de um homem amarrado, a calça abaixada, apanhando num tronco. Essa era uma imagem que aparecia repetidamente nos livros escolares. Por que mostravam sempre a mesma figura negra totalmente dominada?
>
> Nunca aparecia de outra forma. Era um retrato congelado. Existem muitas outras histórias construídas pelos negros, mas, como elas não aparecem nunca, na prática são invisíveis: é como se nem existissem.

Heloisa Pires Lima. *Histórias da Preta*. São Paulo: Companhia das Letrinhas, 2005. p. 53.

A proposta será "derreter" esse retrato e buscar outras histórias construídas pelos negros. E são tantas que não caberia aqui todas as personagens. Selecionamos alguns nomes para este trabalho.

Do que vocês vão precisar

- cartolina e papel pardo
- tintas, lápis de cor, giz de cera, canetas hidrográficas
- cola e tesoura com pontas arredondadas
- adesivos, brocal, purpurina (se quiser)
- revistas e jornais velhos para recortar

Como fazer

1. Forme dupla com um colega e escolham um dos nomes da lista abaixo. Vocês vão contar a história que essa pessoa construiu. E certamente farão descobertas interessantes.

Chiquinha Gonzaga	Castro Alves
Machado de Assis	Lélia Gonzales
Cartola	Carlos Gomes
José do Patrocínio	Antonieta de Barros
Grande Otelo	Milton Santos
Nilo Peçanha	Carolina Maria de Jesus

2. Façam uma pesquisa sobre a pessoa escolhida. Utilizem jornais, livros, revistas, enciclopédias e almanaques, impressos ou *on-line*. Procurem informações sobre a vida dela, a época em que viveu e seu papel na sociedade.

3. Fiquem atentos a todas as imagens que encontrarem relacionadas a essa personagem. Separem essas imagens para desenhá-las e pintá-las, tirar cópia ou recortar, caso sejam de jornal ou revista velhos. Elas vão ilustrar os textos do painel.

4. Leiam todo o material que conseguiram na pesquisa, selecionando as informações pessoais (nascimento, estudos, atividades, etc.) e as que considerarem interessantes.

5. Escrevam textos curtos em folhas avulsas, com letras grandes, usando as informações selecionadas. Os textos vão acompanhar as imagens que vocês separaram. Lembrem-se de que eles vão compor o painel que ficará exposto em uma parede para as pessoas lerem.

6. Coloquem sobre a cartolina as imagens e os textos, estudando a melhor disposição para eles. Colem tudo com cuidado.

7. Usem a criatividade para decorar o painel, pensando em motivos relacionados à vida da personagem que escolheram.

8. Agora, juntos, fixem o papel pardo na parede onde os painéis ficarão expostos. Isso criará um fundo para os painéis reunidos, dando um efeito de mural. Lembrem-se de estudar a disposição dos painéis para que a exposição fique bonita.

9. Convidem os colegas e professores da escola para a exposição.

Ilustrações: Robson Araújo

O que aprendi?

1 Observe a foto, leia a legenda e responda às questões.

Colheita mecanizada de café em Bragança Paulista, SP. Foto de 2013.

a. Quantas pessoas estão conduzindo os veículos?

_____

b. O número de trabalhadores é maior ou menor, se comparado com a época da economia cafeeira? Por quê?

_____
_____

c. Em sua opinião, para onde vão os trabalhadores desempregados do campo?

2 Solano Trindade foi um importante poeta brasileiro que lutou contra o preconceito racial no século XX. O poema a seguir foi escrito por ele em 1981.

– Eita negro!
quem foi que disse
que a gente não é gente?
quem foi esse demente,
se tem olhos não vê...

– Que foi que fizeste mano
pra tanto falar assim?
– Plantei os canaviais do nordeste

– E tu, mano, o que fizeste?
– Eu plantei algodão
nos campos do sul
[...]

Solano Trindade. *Cantares do meu povo*. São Paulo: Brasiliense, 1981. Disponível em: <http://linkte.me/l1k4s>. Acesso em: 19 abr. 2016.

a. Leia o poema em voz alta.

b. Que trabalhos feitos pelos escravizados aparecem no texto?

_____
_____
_____
_____

c. Que outros você acrescentaria?

_____
_____
_____
_____

d. Em sua opinião, como é possível acabar com o preconceito racial? Conte aos colegas e ao professor.

3 Leia o texto e responda às questões a seguir.

> A cidade reflete a sociedade que a construiu e que vive nela. A cidade possui desigualdades semelhantes às dos grupos sociais que nela residem. Há bairros onde o saneamento básico é completo e outros onde o esgoto corre pelo meio das ruas, assim como existem grupos sociais cujo padrão de vida é alto enquanto outros lutam para garantir suas necessidades básicas. A organização do espaço urbano reflete as diferenças sociais, por isso quanto menores forem as diferenças de rendimentos entre os membros de uma sociedade tanto mais equilibradas serão suas áreas urbanas.

Nicolina Luiza Petta. *A fábrica e a cidade até 1930*. São Paulo: Atual, 1995. p. 11.

a. Do que trata o texto?

_____

b. Quem vive nos bairros com mais infraestrutura? E quem vive nos bairros com menos infraestrutura?

_____

_____

c. O que você entendeu de "A cidade possui desigualdades semelhantes às dos grupos sociais que nela residem"?

4 Forme dupla com um colega para responder às questões.

Rua no bairro da Pompeia, no município de São Paulo. Foto de 2013.

Vista da Vila Cruzeiro, bairro do município do Rio de Janeiro. Foto de 2012.

a. Os lugares apresentados nas fotos **A** e **B** são semelhantes? Por quê?

_____

b. Vocês acham que qualquer pessoa tem condições de morar no bairro retratado na foto **A**? E no bairro da foto **B**?

141

Sugestões de leitura

Unidade 1

Medo e vitória nos mares, de Janaína Amado e Luiz Carlos Figueiredo. Editora Atual (Coleção Nas Ondas da História).
Nesse livro, você vai conhecer um pouco mais sobre o período das Grandes Navegações. Nele são apresentadas as dificuldades enfrentadas pelos navegadores e todas as etapas da expansão marítima nos séculos XV e XVI.

O descobrimento do Brasil pelas crianças, de Achel Tinoco. Editora Acerola.
O livro foi escrito com base na famosa carta de Pero Vaz de Caminha e apresenta um diálogo entre dois meninos, um português e um brasileiro, sobre a chegada dos portugueses ao território que viria a ser o Brasil.

Unidade 2

A história de Chico Rei, de Béatrice Tanaka. Edições SM.
O livro narra a história de Chico Rei, um africano que foi sequestrado e trazido para o Brasil como escravizado, para trabalhar na região das minas. Com o tempo, ele consegue comprar a sua liberdade e a de outros escravizados, tornando-se um herói do período da escravidão.

Agbalá: um lugar continente, de Marilda Castanha. Editora Cosac Naify.
Nesse livro, a autora apresenta a trajetória dos africanos desde sua saída forçada da África até a chegada ao Brasil e mostra a importância da cultura dos povos africanos para formação da cultura brasileira.

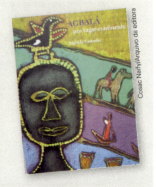

Os africanos e seus descendentes no Brasil: a resistência quilombola, de Alfredo Boulos Júnior. Editora FTD.
Nessa obra, os quilombos são apresentados como forma de resistência à escravidão já que, dentro deles, os africanos que haviam fugido podiam retomar e preservar suas tradições.

Unidade 3

Bárbara e Alvarenga, de Nelson Cruz. Editora Cosac Naify.

Já imaginou se você fosse um participante da Conjuração Mineira? O autor desse livro sim. E ele narra essa história imaginária com base em fontes históricas.

Naná descobre o céu, de José Roberto Torero e Marcus Aurélio Pimenta. Editora Objetiva.

Ao ler esse livro, você vai conhecer a história de Naná, uma menina Guarani que nasceu por volta de 1600, no sul do atual Brasil, e descobrir como a vida dela se transformou com a chegada dos padres jesuítas.

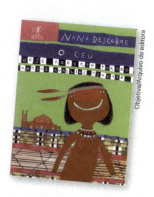

Solta o sabiá, de Ruth Rocha. Editora Salamandra.

Nesse livro, a autora conta a história de um menino português que se muda para o Brasil no século XVII. Ele acompanha toda a trajetória dos bandeirantes, desde a descoberta de novos caminhos pelo Brasil até a perseguição e o aprisionamento dos indígenas.

Unidade 4

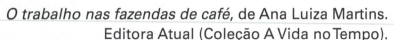

O trabalho nas fazendas de café, de Ana Luiza Martins. Editora Atual (Coleção A Vida no Tempo).

Aprofunde seus conhecimentos sobre o trabalho realizado nas fazendas de café lendo esse livro. Nele, o cotidiano dos trabalhadores é abordado por meio de registros de época.

Imigrantes no Brasil do século XIX, de Edilene Toledo e Jefferson Cano. Editora Atual (Coleção A Vida no Tempo).

O livro conta a história de milhares de imigrantes europeus que vieram ao Brasil em busca de melhores condições de vida e encontraram inúmeras dificuldades até se estabelecerem.

Bibliografia

ANTONIL, André João. *Cultura e opulência do Brasil*. Belo Horizonte: Itatiaia, 1997.

AYALA, Marcos; AYALA, Maria Inês Novais. *Cultura popular no Brasil*. São Paulo: Ática, 1995.

BITTENCOURT, Circe (Org.). *O saber histórico em sala de aula*. São Paulo: Contexto, 1997.

BLOCH, Marc. *Apologia da história ou o ofício de historiador*. Rio de Janeiro: Jorge Zahar, 2002.

BOSI, Ecléa. *Memória e sociedade*: lembranças de velhos. São Paulo: Companhia das Letras, 1995.

BOULOS JR., Alfredo. *A capitania do ouro e sua gente*. São Paulo: FTD, 2000.

_____. *A viagem de Cabral*. São Paulo: FTD, 1999.

BRASIL. *Constituição da República Federativa do Brasil promulgada em 5 de outubro de 1988*. São Paulo: Saraiva, 2000.

_____. Ministério da Educação. Secretaria de Educação Fundamental. *Enem*: documento básico. Brasília: MEC/SEF, 2002.

_____. Instituto Nacional de Estudos e Pesquisas Anísio Teixeira (Inep). *Matrizes curriculares de referência para o Saeb*. Brasília: MEC/Inep, 1999.

BURKE, Peter (Org.). *A escrita da história*: novas perspectivas. São Paulo: Ed. da Unesp, 1992.

CALDEIRA, Jorge. *Viagem pela História do Brasil*. São Paulo: Companhia das Letras, 1999.

CAMPOS, Raymundo. *Grandezas do Brasil no tempo de Antonil (1681-1716)*. São Paulo: Atual, 1996.

CARNIER JR., Plínio. *Imigrantes*: viagem, trabalho, integração. São Paulo: FTD, 2000.

CASTANHA, Marilda. *Agbalá*: um lugar-continente. Belo Horizonte: Formato, 2001.

_____. *Pindorama*: terra das palmeiras. Belo Horizonte: Formato, 1999.

CAVALLEIRO, E. *Do silêncio do lar ao silêncio escolar*: racismo, preconceito e discriminação na educação infantil. São Paulo: Contexto, 2000.

CERTAU, Michel de. *A escrita da História*. Rio de Janeiro: Forense Universitária, 1992.

CHARTIER, Roger. *A história cultural*: entre práticas e representações. Rio de Janeiro: Difel, 2002.

COLL, César et al. *O construtivismo na sala de aula*. São Paulo: Ática, 1996.

_____. *Os conteúdos na reforma*. Porto Alegre: Artmed, 1998.

_____. *Psicologia e currículo*. São Paulo: Ática, 2000.

CUNHA, Manuela Carneiro da (Org.). *História dos índios no Brasil*. São Paulo: Companhia das Letras-Secretaria Municipal de Cultura-Fapesp, 1992.

D'ARMADA, Fina. *Mulheres navegantes no tempo de Vasco da Gama*. Lisboa: Ésquilo, 2006.

DECCA, Edgar S. de. *O nascimento das fábricas*. São Paulo: Brasiliense, 1995.

DECCA, Maria Auxiliadora G. de. *Indústria, trabalho e cotidiano*. São Paulo: Atual, 1991.

DIAS, Madalena Marques. As bravas mulheres do bandeirismo paulista. *Revista História Viva*, São Paulo, Duetto, n. 14, dez. 2004.

ERMAKOFF, George. *O negro na fotografia brasileira do século XIX*. Rio de Janeiro: George Ermakoff, 2004.

FAUSTO, Boris. *História do Brasil*. São Paulo: Edusp-FDE, 1997.

FERNANDES, F. *O negro no mundo dos brancos*. São Paulo: Difel, 1972.

FERRO, Marc. *A história vigiada*. São Paulo: Martins Fontes, 1989.

FERLINI, Vera Lúcia Amaral. *A civilização do açúcar*: séculos XVI a XVIII. São Paulo: Brasiliense, 1996 (Coleção Tudo é História).

FIDALGO, Lúcia. *Pedro, menino navegador*. Rio de Janeiro: Manati Produções Editoriais, 2003.

FUNARI, Pedro P. A.; NOELLI, Francisco S. *Pré-história do Brasil*. São Paulo: Contexto, 2004.

_____; SILVA, Glaydson José da. *Teoria da História*. São Paulo: Brasiliense, 2008.

GONZAGA, Tomás Antônio. Marília de Dirceu. In: PROENÇA FILHO, Domício (Org.). *A poesia dos inconfidentes*. Rio de Janeiro: Aguilar, 1996.

GOULART, Maurício. *A escravidão africana no Brasil*. São Paulo: Alfa-Ômega, 1975.

HECK, Egon; PREZIA, Benedito. *Povos indígenas*: terra é vida. São Paulo: Atual, 1998.

IBGE. *Meu 1º atlas*. Rio de Janeiro: IBGE, 2005.

JAFFÉ, Laura; SAINT-MARC, Laure. *Convivendo com a família*. São Paulo: Ática, 2004.

JENKINS, Keith. *A história repensada*. São Paulo: Contexto, 2003.

KARNAL, Leandro (Org.). *História na sala de aula*. São Paulo: Contexto, 2003.

KOSTER, Henry. Viagens ao Nordeste do Brasil. In: DORNAS FILHO, João. *Aspectos da economia colonial*. Belo Horizonte: Itatiaia, 1959.

LE GOFF, Jacques. *História e memória*. Lisboa: Edições 70, 2000. v. 1 e 2.

LIMA, Heloisa Pires. *Histórias da Preta*. São Paulo: Companhia das Letrinhas, 2005.

LUCA, Tânia Regina de. *Café e modernização*. São Paulo: Atual, 2000.

MACEDO, Lino de. Eixos teóricos que estruturam o Enem: conceitos principais: competências e habilidades; situação-problema como avaliação e como aprendizagem; propostas para pensar sobre situações-problema a partir do Enem. In: BRASIL. Ministério da Educação. Instituto Nacional de Estudos e Pesquisas Educacionais Anísio Teixeira (Inep). *I Seminário do Exame Nacional do Ensino Médio*. Brasília: MEC/Inep, 1999.

MAESTRI FILHO, Mário José. *Depoimentos de escravos brasileiros*. São Paulo: Ícone, 1988.

MARTINS, Ana Luíza; COHEN, Ilka Stern. *O Brasil pelo olhar de Thomas Davatz*. São Paulo: Atual, 2000.

_____. *O trabalho nas fazendas de café*. São Paulo: Atual, 1994.

MATTOS, Ilmar Rohloff de. *O Rio de Janeiro, capital do reino*. São Paulo: Atual, 1995.

MICELI, Paulo. *O ponto onde estamos*: viagens e viajantes na história da expansão e da conquista. Campinas: Ed. da Unicamp, 1998.

_____. *O mito do herói nacional*. São Paulo: Contexto, 1997 (Coleção Repensando a História).

MONTEIRO, John Manuel. *Negros da terra*: índios e bandeirantes nas origens de São Paulo. São Paulo: Companhia das Letras, 1994.

MORAES, Antônio Carlos Robert. *A fazenda de café*. São Paulo: Ática, 2003.

MOTA, Carlos Guilherme (Org.). *Brasil em perspectiva*. São Paulo: Difel, 1978.

MUNDURUKU, Daniel. *Coisas de índio*. São Paulo: Callis, 2000.

NOVAIS, Fernando (Org.). *História da vida privada no Brasil*. São Paulo: Companhia das Letras, 1997. v. 1, 2, 3 e 4.

OLIVEIRA, João Pacheco de; FREIRE, Carlos A. R. *A presença indígena na formação do Brasil*. Brasília: MEC-Secad-Laced-Museu Nacional, 2006.

PAES, José Paulo. *Histórias do Brasil na poesia de José Paulo Paes*. São Paulo: Global, 2006.

PETTA, Nicolina L. de. *A fábrica e a cidade até 1930*. São Paulo: Atual, 1995 (Coleção A Vida no Tempo).

PIAGET, Jean. *A psicologia da inteligência*. Rio de Janeiro: Fundo de Cultura, 1958.

PINSKY, Carla B. (Org.). *Fontes históricas*. São Paulo: Contexto, 2005.

PINSKY, Jaime (Org.). *O ensino de história e a criação do fato*. São Paulo: Contexto, 1988.

PONTES, José Alfredo V. *São Paulo de Piratininga*. São Paulo: Terceiro Nome, 2003.

PRIORE, Mary Del. *História das crianças no Brasil*. São Paulo: Contexto, 1999.

_____. *A família no Brasil colonial*. São Paulo: Moderna, 2000.

QUEVEDO, Júlio. *A escravidão no Brasil*: trabalho e resistência. São Paulo: FTD, 1998.

REVISTA SEMANAL DA LIÇÃO DE CASA. Encarte do jornal *O Estado de S. Paulo*. São Paulo: Klick, 2000.

RIBEIRO, Darcy. *Os índios e a civilização*: a integração das populações indígenas no Brasil moderno. São Paulo: Companhia das Letras, 1996.

SAINT-HILARE, Auguste. *Viagem pelas províncias do Rio de Janeiro e Minas Gerais*. Belo Horizonte: Itatiaia; São Paulo: Edusp, 1975.

SCATAMACCHIA, Maria Cristina M. *O encontro entre culturas*: europeus e indígenas no Brasil. São Paulo: Atual, 1994 (Coleção A Vida no Tempo).

SCHWARTZ, Stuart B. *Segredos internos*: engenhos e escravos na sociedade colonial. São Paulo: Companhia das Letras, 2005.

SILVA, Aracy Lopes da; GRUPIONI, Luís Donisete Benzi. *A temática indígena na escola*: novos subsídios para professores de 1º e 2º graus. São Paulo: Global, 2004.

SOUZA, Ana Lúcia Silva; CROSO, Camilla (Org.). *Igualdade das relações étnico-raciais na escola*: possibilidades e desafios para a implementação da Lei 10 639/2003. São Paulo: Peirópolis-Ação Educativa-Ceafro-Ceert, 2007.

SOUZA, Marina de Mello e. *África e Brasil africano*. São Paulo: Ática, 2006.

SLEMIAN, Andréa et al. *Cronologia de história do Brasil (1500-1831)*. São Paulo: FFLCH-USP, 1995.

SPÓSITO, E. S. *A vida nas cidades*. São Paulo: Contexto, 2004.

TOLEDO, Vera Vilhena de; GANCHO, Cândida Vilares. *Sua majestade o café*. São Paulo: Moderna, 2001.

VYGOTISKY, Lev Semenovich. *Pensamento e linguagem*. São Paulo: Martins Fontes, 1991.

ZABALA, Antoni. *A prática educativa*. Porto Alegre: Artmed, 1998.

Recortar

Página 35 › **Atividade 3**

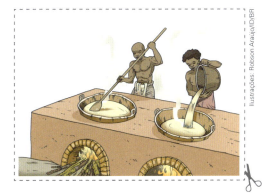

Ilustrações: Robson Araujo/ID/BR

Recortar e colar

Páginas 40-41 › Atividade de abertura da unidade 2

Cadeira ou rede presa a duas varas usada para transportar pessoas. Eram necessários pelo menos dois carregadores para levar a liteira.

Instrumento também chamado de maço, utilizado para calçar as ruas com pedras, como paralelepípedos. O trabalhador responsável pelo calçamento das vias era conhecido como calceteiro.

Instrumento utilizado pelos carregadores para levar objetos e alimentos leves, como quantidades pequenas de roupas, frutas ou pães.

Grande recipiente utilizado para transportar a água retirada dos chafarizes até as residências. Ao final do dia, também era utilizado para levar dejetos, como fezes e urina, até os rios.

Página 91 › Atividade 3

147

Recortar e colar

Página 73 › Atividade 3

Página 114 › Atividade 4

A   B   C   D   E   F

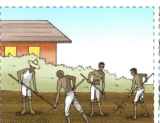

Recortar

Páginas 108-109 › **Atividade da abertura da unidade 4**

O CAFÉ NOS DIAS DE HOJE

- Plantação do café
- Colheita do café
- Processamento e moagem do café
- Uso do café

Nome: _____

Turma: _____

151